ALLERGENENINFORMATIE + DISCLAIMER

De gerechten die geschikt zijn voor een gluten- en/of lactosevrij dieet zijn aangeduid met de tekentjes ⊗ en ◐.

De gerechten van *Dagelijkse kost* zijn mits een kleine aanpassing geschikt voor een gluten- en/of lactosevrij dieet: vervang boter, room, melk, kaas, saus en weipoeder door hun lactosevrije varianten bij de bereiding van een lactosevrij gerecht, mijd echte sojasaus en gebruik rijst-, mais- of aardappelgebaseerde vervangers in plaats van tarwe- en andere graanproducten voor een glutenvrije maaltijd.

De zelfgemaakte groente- en kippenbouillon en de fonds van Jeroen Meus zijn volledig gluten- en lactosevrij, de zelfgemaakte visfumet is glutenvrij. Kant-en-klare bouillons uit de winkel zijn niet altijd geschikt voor een gluten- en/of lactosevrij dieet.

Vlees is in zijn pure vorm gluten- en lactosevrij, maar kijk bij gehakt, worst of bereide vleeswaren steeds goed de ingrediënten na.

Belangrijk: kijk altijd de ingrediënten op de verpakking na, want in heel veel producten wordt gebruikgemaakt van een bindmiddel of zetmeel dat gluten bevat of gebruikt men lactose als vulmiddel. Kant-en-klare producten moeten met extra zorg bekeken worden, want wat op het eerste gezicht lactose- of glutenvrij is, is dat niet altijd. Dit geldt voor bijvoorbeeld: mierikswortelpasta, geraspte Parmezaanse kaas, gemengd gehak, bouillonblokjes, mosterd, sambal ...

Zorg dat je steeds met proper materiaal werkt en maak de glutenvrije bereiding niet met kookgerei dat in contact is geweest met gluten (een aanrecht zonder kruimels, vers frietvet, een aparte cakevorm/pan/snijplank ...). Zo vermijd je contaminatie.

Alle info over allergieën werd gecheckt door Nathalie Wouters, een erkend diëtiste.

© 2013 – één, Jeroen Meus, Hotel Hungaria & Uitgeverij Van Halewyck
Diestsesteenweg 71a – 3010 Leuven

www.vanhalewyck.be
www.jeroenmeus.be
www.een.be
www.hotelhungaria.be

Wil je meer weten over *Dagelijkse kost*? Kijk dan op de website voor filmpjes, keukenweetjes, basistechnieken:
www.een.be/dagelijkse-kost

Redactie: Bart Verbeelen, Nico Van de Velde en Koen Vanderweyden
Eindredactie: Bart Sap
Food assistant: Vincent Tibau
Fotografie: Verne (www.verne.be)
Cover en vormgeving: www.filipcoopman.be
Druk: Wilco, Amersfoort

NUR 441
ISBN 978 94 6131 178 8
D/2013/7104/36

www.een.be/dagelijkse-kost

www.vanhalewyck.be

www.hotelhungaria.be

Kerst 2013

Eerst eten, dan vasten

Peter.

INHOUD

SOEP

Wortelsoep met erwtenpesto | 26
Romige vissoep met onze garnalen | 68
Juliennesoep met balletjes | 92
Knolseldersoep met witbier | 100
Soep van geroosterde pompoen | 106
Aardappel-seldersoep met visballetjes | 150
Kervelsoep met witte pens | 174
Consommé van ossenstaart | 196

SALADE

Rijstsalade met gerookte makreel, avocado en cocktaildressing | 58
Een bruine boterham met salade van zalm, selder en appel | 82
Tabouleh met lamsgehakt en kruiden | 104
Krabsalade met mango, daikon en wasabimayonaise | 112
Salade met gemarineerde zalm en milde currysaus | 118
Winterse salade met brokkelkaas, dadels en spek | 130
Salade met gemarineerde kip en sesam | 142

VIS

Tartaar van rivierkreeft in rundscarpaccio | 8
Scampi met chorizo en trostomaten | 60
Oesters, warm en koud | 126
Wijting 'Florentine' met mosterdsaus | 132
Zalm, pastinaakstoemp en beurre blanc | 134
Pladijs met geplette aardappelen & postelein | 148
Carpaccio van sint-jacobsvruchten | 160
Een smeus | 166
Croque met verse zalm en geitenkaas | 180
Gegrilde zeeduivel met chorizo, ricotta en penne | 190

VEGETARISCH

Cannelloni van aubergine | 44
Dikke toast met brie, waterkers en een pickle van ui en appel | 50
Spicy noedels met gebakken tofoe | 62
Groentestoofpot met kikkererwten en pesto | 76
Chili No Carne | 152
Frittata met bloemkool, spinazie en feta | 182

PASTA

Koude pastasalade met spek en feta | 42
Penne met kerstomaat, ricotta en rucolapesto | 102
Pappardelle met gegrilde kip en chorizo | 116
Lasagne met gegrilde groenten | 138

 glutenvrij   lactosevrij

Macaronischotel met drie kazen, gehakt en savooi | 146
Volkorenspaghetti met rode ui, spinazie en blauwe kaas | 154
Griekse pasta met milde paprikaharissa en geitenkaas | 156
Linguine met scampi, venkel en kerstomaat | 172
Gevulde pastaschelpen in de oven | 194

VLEES

Tataki van gegrild rundvlees met noedelsalade | 30
Tajine van konijn | 32
Groenten vol gehakt | 38
Geitenkaaskroketten met pancetta en komkommersalade | 64
Groentewok met kip in kokosmelk | 72
Pita-pizza's | 80
Zweedse balletjes | 108
Worst met uienpuree en mosterd | 144
Tortillawrap met krokante kip | 170
Lamsburgers in een pitabroodje | 184

OERKLASSIEK

Fazant met cognacsaus, wintergarnituur en kroketten | 10
Biefstuk-friet met verse bearnaisesaus en sla | 14
Worstenbroodjes | 20
Kipfilet met dragonsaus, boontjes en gebakken aardappelen | 22
Spaghetti bolognaise | 48
Fish sticks met tartaarsaus en spinaziepuree | 54
Orloffgebraad met witloofroom en kroketten | 86
Koude schotel | 88
Kalfstong in madeirasaus | 94
Zeebaars in zoutkorst met groenten | 176
Varkenshaasje met jagersaus en kroketten | 192

ZOET

Tiramisu met peer | 6
Vanillepudding met petit-beurrekoekjes | 18
Gepocheerde peer met sabayon en vanille-ijs | 28
Koele rabarbersoep met aardbeien en citroensorbet | 36
Simpel gebakken bosvruchtentaart | 52
Muffins met appel | 70
Trifle van rood fruit, mascarpone en witte chocolade | 84
Confituurrol | 98
Rijsttaartjes | 114
Een gemakkelijke kerstbûche | 122
Griesmeelpap met citrusvruchten en crumble | 162
Amandelbiscotti en een exotische smoothie | 188

REGISTER | 200

 glutenvrij lactosevrij

TIRAMISU MET PEER

Bereidingstijd
35 minuten
(excl. opstijven in de koelkast)

De combinatie van een oerklassiek recept en een vleugje inspiratie kan een verrassend resultaat opleveren. Het geheime wapen is hier een lekkere peer. Maak het dessert wel enkele uren op voorhand, zodat de tiramisu de tijd krijgt om op te stijven in de koelkast.

Ingrediënten
(4 personen)

500 g mascarpone
300 g lange vingers (soort van koekjes)
100 g suiker
3 eieren
2 peren
1 kop sterke koffie
een paar scheutjes amaretto (naar smaak)
3 eetlepels cacaopoeder

EXTRA MATERIAAL
keukenmachine met klopper
serveerschaal van 30 bij 20 centimeter
zeefje

Bereiding

| Scheid de eieren en doe de dooiers in de mengkom van je keukenmachine. Verzamel het eiwit in de andere schaal.
| Voeg de suiker toe en laat de machine het mengsel kloppen tot een bleke egale massa (ruban).
| Schep de mascarpone bij het mengsel. Voeg een scheutje amaretto toe. Overdrijf niet, want met te veel likeur erin zal het mascarponemengsel minder goed opstijven.
| Laat de machine eerst op matige snelheid draaien en vervolgens op hogere snelheid, tot alle ingrediënten mooi gemengd zijn.
| Klop met een grote garde het eiwit tot een stevig en luchtig schuim.
| Schil de peren en snij ze in kwarten. Verwijder het taaie klokhuis en snij de vruchten in blokjes van maximum 1 bij 1 centimeter. Voeg ze toe aan het mengsel.
| Schep het opgeklopte eiwit bij het mascarponemengsel en spatel het schuim er zorgvuldig onder. Probeer de luchtigheid te behouden.
| Maak een kopje sterke koffie en schenk de koffie in een schaaltje. Giet naar smaak een scheut amaretto in de koffie.
| Dip de onderzijde van elke lange vinger in de koffie en leg het koekje op de bodem van de schaal waarin je de tiramisu zal serveren.
| Schik de hele bodem van de schaal vol met gesopte lange vingers.
| Spatel de helft van het tiramisumengsel erover. Schik daarop een tweede laag van lange vingers die je in de koffie hebt gedipt.
| Spatel de rest van het tiramisumengsel over de tweede laag koekjes en strijk het oppervlak egaal.
| Laat de tiramisu opstijven in de koelkast.
| Schep wat cacaopoeder in een zeefje en bepoeder het oppervlak van de tiramisu met een dun laagje.

TARTAAR VAN RIVIERKREEFT IN RUNDSCARPACCIO

Bereidingstijd
30 minuten

Ingrediënten
(4 personen)

VOOR DE RUNDS-CARPACCIO MET KREEFTTARTAAR
250 g staarten van rivierkreeftjes (voorverpakt)
8 sneetjes carpaccio van rundvlees
½ sjalot
½ citroen of limoen
10 sprieten verse bieslook
2 takjes verse dragon
1 eetlepel cocktailsaus
peper en zout

VOOR HET SLAATJE
½ groene appel (bv. granny smith)
40 g rucola
een scheut notenolie of fijne olijfolie
een scheut balsamicoazijn
peper en zout

VOOR DE AFWERKING
40 g Parmezaanse kaas (blokje of schilfers)
grof zout (bv. Fleur de Sel)

Bereiding

RUNDSCARPACCIO MET KREEFTTARTAAR

- Hak de staartjes grof en doe ze in een ruime mengschaal.
- Pel de sjalot en snipper ze zo fijn als je kan. Snipper de blaadjes dragon fijn. Hak de bieslook in fijne stukjes. Doe alles bij de rivierkreeft.
- Schep wat cocktailsaus in de mengschaal. Overdrijf niet: er hoeft slechts een dun laagje saus te kleven aan de ingrediënten.
- Voeg een scheutje vers citroen- of limoensap toe. Proef en kruid met wat peper van de molen en een snuifje zout.
- Leg telkens twee lapjes rundvlees in kruisvorm over elkaar. Kruid het vlees met peper en zout.

Tip: Snij je het rundvlees zelf in flinterdunne schijfjes? Leg het vlees dan vooraf even in de diepvriezer.

- Lepel een portie van de tartaar van rivierkreeftjes in het midden van de lapjes. Vouw ze toe over de vulling, zodat je een mooi pakketje krijgt. Maak zo vier pakjes.
- Spoel nadien je werkplank schoon.

SLAATJE

- Snij de appel in fijne ronde schijfjes. (Snij naar het klokhuis toe.) Snipper de appelschijfjes vervolgens in fijne lucifers (julienne).
- Doe de rucola en de stukjes appel in een mengschaal. Druppel er wat notenolie en enkele druppels balsamicoazijn over. Kruid het slaatje met wat zwarte peper en zout.

AFWERKING

- Leg op elk bordje een pakketje. Strooi op het vlees wat grof zout en druppel er fijne olijfolie over en rond.
- Schik een toefje van de sla met groene appel en rucola op het pakketje. Werk elk bord af met enkele schilfers kaas.

FAZANT MET COGNACSAUS, WINTERGARNITUUR EN KROKETTEN

Bereidingstijd
70 minuten
(incl. braadtijd)

Ingrediënten
(4 personen)

VOOR DE FAZANT
1 fazant (haan) met spek over bouten gebonden
1 wortel
2 selderstengels
1 ui
2 dl kippen- of groentebouillon
1 dl cognac
2 dl room
enkele takjes tijm
enkele blaadjes laurier
enkele klontjes boter
peper en zout

VOOR DE SPRUITJES
500 g spruitjes
1 ui
200 g gerookt spek (stuk)
nootmuskaat
een snuifje bicarbonaat
een klontje boter
peper en zout

VOOR DE BOSCHAMPIGNONS
250 g boschampignons (mengeling)
1 teentje look
enkele takjes krulpeterselie
1 klontje boter
peper en zout

Bereiding

FAZANT

- Verwarm de oven voor op 200 °C.
- Strooi wat zout en peper over en in de holte van de fazant. Stop een klont boter in de holte en leg enkele klontjes op het beest.
- Leg de fazant in een ovenschaal en bak ze 20 minuten in de hete oven. (De fazant is nog niet gaar.)
- Haal de fazant uit de oven en vouw er aluminiumfolie over. Laat 10 minuten rusten.
- Schil de wortel en snij hem in fijne blokjes. Hak de selder en ui fijn.
- Zet een potje op een matig vuur en smelt er een klontje boter in. Laat de stukjes ui, selder en wortel kort bakken in de boter.
- Verwijder het touw waarmee de fazant is opgebonden. Neem de lapjes spek weg.
- Snij de bouten van de fazant: plaats je koksmes in het gewricht en snij de drumstick los. Die twee stukjes vlees zijn niet eetbaar. Leg de dijen van de fazant in de braadslee.
- Doe de drumsticks bij de stovende groenten, zodat ze smaak afgeven aan de saus.
- Snij de borstfilets van de fazant. Plaats je mes zo dicht mogelijk tegen het borstbeen om ze los te snijden. Leg de borstfilets bij de dijen in de braadslee.
- Snij het karkas in twee stukken en leg deze bij de stovende groenten. Laat ze 5 minuten meebakken.
- Schenk de cognac in de pot en flambeer. Flambeer nooit onder de dampkap om brandgevaar te vermijden.
- Schenk de bouillon in de pot, samen met de laurier en tijm.
- Voeg de room toe en laat de saus 10 tot 15 minuten sudderen op een zacht vuur.
- Giet de aromatische saus door een fijne zeef en hou ze apart.
- Bak de stukken fazant kort op een matig vuur: leg ze eerst op de velkant en draai de stukken fazant na enkele minuten om. Zet het vuur meteen af.
- Proef de saus en kruid ze met wat peper en een snuifje zout. Voeg ten slotte een koud klontje boter toe en meng met de garde tot de boter weggesmolten is.
- Plaats de staafmixer in de saus en mix ze kort.

OERKLASSIEK

VOOR DE WITLOOFSLA
4 stronkjes witloof
3 eetlepels mayonaise
een scheutje natuurazijn
peper en zout

VOOR DE AFWERKING
kroketten

Verse mayonaise,
 verse kippen- of
 groentebouillon?
 De recepten vind je in de
 eerste drie boeken van
 Dagelijkse kost.

EXTRA MATERIAAL
friteuse met arachideolie
zeef
pureestamper

SPRUITJES

| Snij het kontje van elke spruit bij en verwijder indien nodig de buitenste blaadjes van elk minikooltje.
| Breng een pot met water aan de kook en voeg een snuifje bicarbonaat toe.
| Hak de spruitjes grof. Kook de spruiten beetgaar.
| Snij intussen het zwoerd van het spek weg en verwijder het kraakbeen. Snij het spek in kleine blokjes.
| Zet een pot op een matig vuur en smelt er een klontje boter in. Bak de stukjes spek krokant in de hete boter. Roer regelmatig.
| Pel de uien en halveer ze. Snij de halve uien vervolgens in kleine stukjes. Voeg de uisnippers toe aan de stukjes spek. Zet het vuur lager en laat alles even rustig stoven.
| Giet de beetgare stukjes spruit af en schep ze bij het spek met de uien. Stamp ze kort met een pureestamper. Kruid met wat peper, een snuifje zout en versgeraspte nootmuskaat. Hou de pot warm.

BOSCHAMPIGNONS

| Maak de paddenstoelen schoon met een borsteltje. Snij taaie stukjes steel weg. Scheur de grootste paddenstoelen in hapklare stukken.
| Verhit een klontje boter in een braadpan.
| Plet de look tot pulp en hak de peterselie fijn.
| Bak de paddenstoelen kort in de hete boter. Voeg na een paar minuten de lookpulp toe en roer. Strooi ten slotte de snippers peterselie in de pan.
| Proef de gebakken paddenstoelen en kruid ze met wat peper van de molen en een beetje zout.

WITLOOFSLA

| Maak de stronkjes witloof schoon en snij ze in heel fijne reepjes.
| Doe de groente in een mengschaal en schep er wat mayonaise bij. Schenk er een scheutje natuurazijn over.
| Voeg peper en zout toe, meng en zet het slaatje in de koelkast.

AFWERKING

| Bak de kroketten goudbruin in hete olie van 170-180 °C.
| Leg op elk bord wat fazant, spruitjes, boschampignons, witloofsla en kroketten. Lepel er ten slotte wat cognacsaus over.

BIEFSTUK-FRIET MET VERSE BEARNAISESAUS EN SLA

Bereidingstijd
80 minuten

Het opzet is eenvoudig en onweerstaanbaar lekker: Belgisch kwaliteitsvlees, verse frieten, sla en een authentieke bearnaisesaus erbij. De basis voor de saus is een 'gastrique'. Hoe meer zorg je daaraan besteedt, hoe fijner de saus zal smaken.

Ingrediënten
(4 personen)

VOOR HET VLEES
650 g entrecote
(5 à 6 centimeter dik)
enkele klontjes boter
peper en zout

VOOR DE GASTRIQUE
½ l dragonazijn
½ l water
½ l witte wijn
3 kleine sjalotten
4 teentjes look
10 peperbolletjes
enkele takjes tijm
enkele blaadjes laurier
enkele stengels peterselie
enkele stengels verse dragon

VOOR DE FRIETEN
6 dikke aardappelen
(bv. bintje)

VOOR DE SLA
1 krop sla
2 kleine sjalotten
enkele sprieten bieslook
een scheutje natuurazijn
een scheutje olijfolie
(of slaolie)
peper en zout

Bereiding

VLEES

- Laat het vlees op kamertemperatuur komen.
- Verwarm de oven voor op 160 °C.
- Kruid de entrecote aan beide zijden met peper en zout.
- Smelt een klont boter in een braadpan op een stevig vuur.
- Bak het vlees 1 tot 2 minuten aan elke zijde. Voeg af en toe een klontje koude boter toe om te vermijden dat de boter verbrandt. Zet de entrecote even rechtop in de pan en bak ze kort op de zijde met het randje vet.
- Leg het stuk vlees op het rooster van de warme oven: zo kan het gelijkmatig garen. Vang de vleessappen op in een ovenschaal. Reken 20 tot 25 minuten per kilo vlees, dus 10 tot 12 minuten voor 500 gram.
- Haal het vlees uit de oven, draai het om en laat het 15 tot 20 minuten rusten onder aluminiumfolie.

GASTRIQUE

- Doe het water, de witte wijn en de dragonazijn in een grote pot en verwarm het mengsel op een matig vuur.
- Kneus de tenen look en voeg ze toe.
- Pel de sjalotten en snipper ze grof. Voeg de sjalot toe, samen met de gekneusde peperbollen, de tijm, laurier, peterselie en dragon.
- Laat de gastrique inkoken tot er een derde overblijft.
- Giet deze sausbasis door een zeef en bewaar het vocht.

FRIETEN

- Schil de aardappelen en snij ze met de hand in gelijkvormige frieten. Ze hoeven niet te dun te zijn: een ideale Belgische friet is 13 millimeter dik.

OERKLASSIEK

Tip: Was de frieten niet, want dan spoel je het zetmeel eraf.

- Verhit het frietvet op 140 °C.
- Bak de frietjes een eerste keer, maar laat ze nog niet kleuren. (Zo pocheer je de aardappelstukjes.)
- Laat de frietjes koud worden in een schaal met keukenpapier.

SLA

- Spoel de sla schoon en pluk de blaadjes los. Gebruik zeker de knapperige blaadjes van het kropslahart. Laat de sla uitlekken.
- Snipper de bieslook en de sjalotten fijn. Strooi ze over de sla.
- Werk de sla pas vlak voor het serveren af met olie en azijn.

BEARNAISE

VOOR DE BEARNAISE
150 g boter
3 dooiers
3 eierdopjes gastrique (zie eerder)
½ citroen (of een scheutje gastrique)
enkele takjes dragon
enkele takjes kervel (naar smaak)
peper en zout

EXTRA MATERIAAL
friteuse met ossenwit
aluminiumfolie

- Smelt de boter in een pannetje op een zacht vuur. Zo kan je de boter klaren. Schep de vlokken eiwitten uit de gesmolten boter.
- Breek de eieren, doe de dooiers in een mengschaal. Klop ze los met een garde.
- Voeg de gastrique toe aan de dooiers en klop alles schuimig met de garde.
- Giet alles in een hoge pan en blijf kloppen. Verwarm het mengsel ondertussen op een zacht vuur. Blijf doorgaan tot je een schuimige mousseline hebt.
- Schenk de geklaarde boter beetje bij beetje bij het mengsel en blijf kloppen met de garde.
- Werk af met peper en zout en wat citroensap of een scheutje extra gastrique.
- Snipper de dragon en kervel fijn. Meng de kruiden in de saus.

AFWERKING

- Zet de grill van de oven op.
- Verhit het frietvet tot 180 °C.
- Bak de koude frieten nu goudbruin en knapperig. Giet de frieten opnieuw in een schaal met wat keukenpapier, zodat ze even kunnen uitlekken. Strooi er naar smaak wat zout over.
- Kruid de sla met peper en zout. Sprenkel er wat olie en azijn over en meng de sla voorzichtig.
- Geef het vlees kort voor het serveren een 'coup de chaleur' onder de hete grill. Snij de entrecote in dikke sneeën.

OERKLASSIEK

VANILLEPUDDING MET PETIT-BEURREKOEKJES

Bereidingstijd
20 minuten

Bij grote haast doet een kant-en-klaarpakje vanillepuddingpoeder wonderen. Maar wie een klein beetje meer tijd heeft, moet de pudding echt eens vers maken. De bereiding is bijzonder eenvoudig en er zit altijd een happy end aan vast, want wie mag de pan uitlikken?

Ingrediënten
(4 personen)

500 ml melk
120 ml room
6 eieren
90 g kristalsuiker
20 g maizetmeel (maizena)
2 vanillestokjes
4 petit-beurrekoekjes

Weeg de ingrediënten zorgvuldig af!

Bereiding

| Snij de vanillestokjes overlangs en schraap er met de punt van een mes alle aromatische zaadjes uit. Doe ze bij de melk met room.
| Breng het mengsel van melk en room aan de kook op een matig vuur. Laat de peulen van de vanillestokjes meekoken voor extra smaak.
| Scheid de eieren en doe de dooiers in een mengschaal. Het eiwit gebruiken we niet. Klop het eigeel los met de garde en voeg de kristalsuiker toe.
| Klop met de garde tot de suiker opgelost is in het dooiermengsel.
| Voeg het maizetmeel toe en klop opnieuw met de garde.
| Verwijder de vanillepeulen uit het kokende mengsel van melk en room.
| Schenk een klein deel van het mengsel in de schaal met eigeel en suiker. Roer met de garde en schenk het mengsel vervolgens in de pan met de rest van de warme melk met room.
| Breng het puddingmengsel aan de kook, maar blijf voortdurend roeren met de garde. Als het aanbrandt, is de pudding naar de vaantjes.
| Laat de pudding indikken tot er mooie bubbels openbarsten aan het oppervlak.
| Schenk de pudding in individuele schaaltjes. Leg op elke portie een petit-beurrekoekje.
| Eet de pudding warm of koud. En vergeet vooral niet om de pan met restjes uit te likken ...

Tip: Je kan de petit-beurrekoekjes altijd vervangen door hagelslag.

WORSTENBROODJES

Bereidingstijd
45 minuten
(incl. 25 minuten baktijd)

Een worstenbroodje is een van de populairste hartige snacks. Met een kruidige, zelfgemaakte gehaktvulling smaakt zo'n broodje lekker authentiek. Serveer het knapperig warm.

Ingrediënten
(4 personen)

VOOR DE GEHAKTVULLING
400 g gemengd gehakt
2 sneetjes wit brood
1 sjalot
½ teentje look
1 ei
een snuifje gedroogde kruiden (bv. dragon, salie, Provençaalse kruiden)
een scheutje olijfolie
½ dl melk
peper en zout

VOOR DE WORSTENBROODJES
2 vellen bladerdeeg
een beetje curryketchup
een beetje bloem

VOOR DE AFWERKING
1 ei

EXTRA MATERIAAL
deegrol
keukenpenseel
siliconenmatje of een vel bakpapier

Bereiding

GEHAKTVULLING

| Snij de korsten van het brood en scheur het in stukken. Doe ze in een mengschaal, schenk er melk bij en laat het brood weken.
| Pel de sjalot en snipper ze heel fijn. Plet de gepelde look tot pulp.
| Verhit een pannetje met een scheutje olijfolie. Stoof er de snippers sjalot in gedurende een paar minuten, zonder ze te kleuren. Voeg tijdens het stoven de geplette look toe.
| Was je handen en meng het geweekte brood tot een papje. Doe ook het gehakt in de mengschaal, het ei, de sjalotsnippers met look en de gedroogde kruiden. Kruid met wat peper en zout.
| Meng en kneed alles tot een stevige massa.

WORSTENBROODJES

| Verwarm de oven voor op 180 °C.
| Strooi wat bloem op je werkvlak en rol de vellen bladerdeeg uit met een deegrol.
| Snij de vellen in een zo groot mogelijke rechthoek. Snij elke rechthoek in zes gelijke lapjes van 10 bij 8 centimeter.
| Schep een flinke eetlepel gehaktmengsel in het midden van elk lapje deeg. Druk het aan tot een soort van worstje.
| Knijp een streepje curryketchup op het gehakt en rol elk lapje deeg op, met het gehaktmengsel ertussen.

AFWERKING

| Breek het extra ei en hou de dooier apart. (Het eiwit gebruiken we niet.) Voeg een scheutje water toe en roer het eigeel los.
| Leg de worstenbroodjes op een ovenschaal met bakpapier.
| Maak met een scherp mesje kruisgewijs enkele ondiepe insnijdingen in elk broodje. Strijk de broodjes vervolgens in met de losgeklopte dooier (doreren).
| Bak de broodjes zo'n 25 minuten in de voorverwarmde oven (afhankelijk van het type oven).
| Serveer de broodjes warm.

OERKLASSIEK

KIPFILET MET DRAGONSAUS, BOONTJES EN GEKOOKTE AARDAPPELEN

Bereidingstijd
65 minuten

Dragon is een kruid dat bijzonder lekker smaakt bij kip. Ik verwerk het aromatische groen hier in een lichte, romige saus waarin de kipfilets garen, met een eenvoudig gekookt aardappeltje erbij. Smakelijk!

Ingrediënten
(4 personen)

VOOR DE BOONTJES
600 g sperzieboontjes
1 ui
een scheutje natuurazijn
een snuifje bicarbonaat
een klontje boter
nootmuskaat
peper en zout

VOOR DE KIPFILETS MET DRAGONSAUS
2 kipfilets
    (1 filet = 2 borsten)
4 dl kippenbouillon
3 sjalotten
1 bussel dragon
1 eetlepel mosterd
een scheutje droge sherry
een scheutje room
een snuif kipkruiden
    (mengeling)
enkele blaadjes laurier
enkele klontjes boter
een scheut olijfolie
peper en zout

Bereiding

BOONTJES

- Spoel de groene boontjes en knijp het tipje en het staartje eraf.
- Breng een pot met water aan de kook en doe er een snuifje bicarbonaat in.
- Kook de boontjes in minder dan 10 minuten beetgaar.
- Giet de boontjes af, spoel ze onder ijskoud water en zet ze even opzij.
- Snipper de ui heel fijn. Smelt een klontje boter in een kookpot op een matig vuur. Stoof de uisnippers kort.
- Stoof er de beetgare boontjes in en kruid ze na enkele minuten met wat peper, zout en versgeraspte nootmuskaat.
- Werk de boontjes af met een scheutje natuurazijn: dat zal de smaak van de boontjes een stuk boeiender maken.

KIPFILETS MET DRAGONSAUS

- Snij de kipfilets middendoor en kruid het vlees aan beide kanten met wat peper, zout en kipkruiden. Spoel nadien je snijplank schoon.
- Verhit een hoge braadpan en smelt er een klontje boter in. Schenk er een scheutje olijfolie bij.
- Leg de kippenfilets in de braadpan en geef ze een goudbruin kleurtje. Bak ze enkele minuten aan elke zijde. (Binnenin blijft het vlees rauw.)
- Schep de kippenfilets uit de pan en leg ze in de ovenschotel. Giet het overtollige vet uit de pan in een kommetje. (We gebruiken dit vet niet meer.)
- Pluk de blaadjes van de dragon en hou de dragonstengels apart.

VOOR DE AARDAPPELEN
600 g aardappelen
 (type naar keuze)
een snuif zout
 (om te koken)
een beetje grof zout
 (bv. Fleur de Sel)

Verse kippenbouillon? Het recept vind je in de eerste drie boeken van *Dagelijkse kost*.

| Snipper de sjalotten in piepkleine stukjes. Stoof de snippers sjalot en de dragonstengels in de pan waarin je de kipfilets gekleurd hebt. Voeg eventueel een extra klontje boter toe.
| Schenk na een paar minuten een flinke scheut sherry in de pan. Laat de alcohol verdampen en voeg dan de kippenbouillon en een beetje mosterd toe. Roer en kruid de saus met de laurier, een snuif zout en peper van de molen.
| Schenk een scheut room in de saus en leg de kippenfilets erin. Laat de stukken gevogelte 10 tot 15 minuten garen, terwijl de saus deels inkookt tot een licht gebonden saus.
| Controleer of de kip voldoende gaar is. Kip hoort sappig te zijn, maar nooit rauw of te droog.
| Snipper de blaadjes dragon in flinterdunne stukjes of reepjes.
| Haal de uitgekookte laurierblaadjes en de dragonstengels uit de saus, voeg de snippers verse dragon toe en roer.

AARDAPPELEN

| Schil de aardappelen en kook ze gaar in lichtgezouten water.
| Giet ze af en zet ze nog heel kort op het vuur.

AFWERKING

| Serveer elke tafelgast een kippenborst, gestoofde boontjes en wat aardappelen. Schep er wat warme dragonsaus over en strooi een beetje grof zout over de aardappelen.

WORTELSOEP MET ERWTENPESTO

Bereidingstijd
75 minuten
(incl. gaartijd)

Met een kleine extra moeite verandert een ketel klassieke soep in een bijzonder gerecht. Deze keer combineer ik een erwtenpesto met verse wortelsoep. Wie het gerecht vegetarisch wenst te houden, vervangt de kippenbouillon door groentebouillon.

Ingrediënten
(4 personen)

VOOR DE WORTELSOEP
2 ½ l kippenbouillon
12 dikke wortels
4 selderstengels
   (en het onderste stuk van de selder)
2 uien
1 teentje look
1 bouquet garni van laurier, peterseliestengels, tijm, rozemarijn
een klontje boter
peper en zout

VOOR DE ERWTENPESTO
150 g erwten
   (diepvries of vers)
60 g pijnboompitten
80 g Parmezaanse kaas
   (blok)
½ teentje look
enkele takjes peterselie
15 cl olijfolie
peper en zout

Verse kippenbouillon?
   Het recept vind je in de eerste drie boeken van *Dagelijkse kost*.

EXTRA MATERIAAL
blender
staafmixer

Bereiding

WORTELSOEP

| Pel de uien en snij ze in grove stukken. Smelt een klontje boter in een soepketel op een matig vuur en stoof de stukjes ui. Roer regelmatig en laat ze niet kleuren.
| Pel de look en doe het teentje in zijn geheel bij de stukjes ui.
| Snij het onderste deel van de selder. Snij er de bruine randjes af, verdeel het stronkje in stukken en laat ze meestoven.
| Snij de selderstengels in grove stukken. Schil de wortelen, verwijder de uiteinden en snij ze in brede schijven. Laat de wortel en selder meestoven. Roer regelmatig.
| Bind met een keukentouw een bouquet garni samen van laurier, tijm, peterselie en rozemarijn. Voeg het toe aan de stoofpot.
| Laat de groenten nog even stoven en schenk er de bouillon bij.
| Zet het deksel op de pot en laat de soep ongeveer 1 uur prutelen op een zacht vuur.
| Verwijder het kruidentuiltje en mix de soep glad. Proef en kruid ze met peper en zout. Zet er nog even de mixer in.

ERWTENPESTO

| Gaar de erwten in kokend water. Controleer tijdig of ze gaar zijn.
| Pel de look en doe hem in de beker van de blender. Verbrokkel de kaas erbij. Voeg de pijnboompitjes toe, schenk er olijfolie bij. Mix alles tot een egale pasta.
| Giet de erwtjes af. Laat ze afkoelen onder koud stromend water.
| Voeg een deel van de erwten toe aan de pesto. Doe er wat verse peterselie bij. Mix opnieuw.
| Proef nog even en voeg naar smaak wat extra erwten en/of olijfolie toe. Proef en kruid met wat zout en peper.

AFWERKING

| Schenk in elk soepbord een flinke portie warme wortelsoep en lepel er decoratief wat erwtenpesto in.

GEPOCHEERDE PEER MET SABAYON EN VANILLE-IJS

Bereidingstijd
60 minuten

Bij dit gerecht besteed ik veel aandacht aan het schillen van de peren. Het oog wil ook wat ...

Ingrediënten
(4 personen)

VOOR DE GEPOCHEERDE PEREN
4 peren (bv. Conference, niet overrijp)
5 dl zoete witte wijn (bv. Monbazillac)
1 l water
100 g suiker
1 eetlepel honing
2 limoenen
1 sinaasappel
1 vanillestokje
1 steranijs
3 kruidnagels
1 kaneelstokje

VOOR DE SABAYON
5 eierdooiers
5 eierdopjes zoete bouillon (waarin de peren gepocheerd zijn)
40 g suiker

VOOR DE AFWERKING
vanille-ijs

EXTRA MATERIAAL
appelboor
ijsschepper

Bereiding

GEPOCHEERDE PEREN

- Schenk de wijn en het water in een kookpot op een zacht vuur.
- Voeg de suiker, de honing en het sap van de limoenen toe.
- Schil enkele dunne zestes van de sinaasappel en voeg ze toe.
- Pers de sinaasappelhelften uit in de bouillon en voeg de kruidnagels, de kaneelstok en de steranijs toe.
- Snij de vanillestok overlangs in tweeën en schraap er de zaadjes uit. Voeg de zaadjes en de peulen toe aan de bouillon.
- Snij eerst het kontje van de peren. Maak bovenaan rondom een ondiepe insnijding, 2 centimeter onder het steeltje. Schil de peren van aan de insnijding tot helemaal onderaan.
- Duw een aardappelmesje horizontaal in de peer, zo'n 6 centimeter onder de steel. Zet de appelboor onderaan in elke peer en druk door tot je bij de insnijding onder het steelstukje komt. Nu kan je het klokhuis makkelijk verwijderen.
- Leg de peren in de bouillon. Plaats er een klein bordje op, zodat de peren niet bovendrijven. Na 10 minuten zijn de peren gaar. Prik er even in om de gaarheid te controleren.
- Neem de pot van het vuur en laat de peren in de bouillon afkoelen. Schep ze nadien voorzichtig uit de zoete bouillon.

SABAYON

- Breek de eieren en doe het eigeel in een steelpannetje.
- Schenk per eigeel een dopje van het afgekoelde pocheervocht bij de dooiers. Voeg per persoon een half dopje suiker toe.
- Klop met de garde een beetje lucht onder het mengsel. Zet de pan op een zacht vuur en blijf kloppen tot je een schuimige sabayon krijgt.
- Blijf doorgaan tot je een schuimige massa krijgt waarin de garde sporen achterlaat. Proef het resultaat.

AFWERKING

- Zet de ijsschepper in een potje met warm water. Serveer op elk bord een rechtopstaande gepocheerde peer met een bol vanille-ijs.
- Lepel een portie versgeklopte sabayon over het ijs.

TATAKI VAN GEGRILD RUNDVLEES MET NOEDELSALADE

Bereidingstijd
45 minuten

'Tataki' is de Japanse term voor een ongewone, maar zeer smakelijke vleesbereiding. Doorgaans wordt vlees eerst gemarineerd en vervolgens gebakken, maar hier gaat het precies andersom!

Ingrediënten
(4 personen)

VOOR DE NOEDELSALADE
200 g mihoen
    (oosterse glasnoedels)
1 wortel
30 g gember (stukje knol)
2 lente-uitjes
20 g gedroogde wakame
    (zeewier)
½ citroen
een scheutje sojasaus
een scheutje vissaus
een scheutje sesamolie
enkele takjes koriander
enkele takjes munt
peper

VOOR DE TATAKI
600 g bavette (rund)
6 cl sojasaus
6 cl olijfolie
3 eetlepels ahornsiroop
4 eetlepels rijstazijn
1 teentje look
1 kleine rode chilipeper

VOOR DE AFWERKING
grof zout (bv. Fleur de Sel)

EXTRA MATERIAAL
groenterasp

Bereiding

NOEDELSALADE

| Laat de gedroogde stukjes wakame wellen in koud water. Laat ze uitlekken en snij ze in reepjes. Breng water aan de kook en week er de glasnoedels in volgens de instructies op de verpakking. Spoel ze onder koud water en laat ze uitlekken.
| Doe de noedels in een mengschaal en voeg de wakame toe.
| Schil de wortel en gember en rasp ze fijn boven de noedels.
| Snij het bleke en lichtgroene deel van de lente-uitjes schuin in ringen. Scheur de munt en koriander grof in de sla.
| Meng alle ingrediënten en pers het citroensap in de kom. Voeg de sojasaus, vissaus en sesamolie toe. Kruid met wat peper van de molen. Proef en voeg indien nodig wat extra sojasaus en/of vissaus toe.

TATAKI

| Meng de olijfolie en de sojasaus in een pannetje.
| Schenk er de ahornsiroop en de rijstazijn bij en meng opnieuw. Proef of de smaakbalans van zout, zuur en zoet goed zit.
| Pel de look en plet de teen tot pulp. Snij de rode chilipeper in piepkleine stukjes en plet ze even. Meng ze onder de marinade.
| Verwarm de marinade tot ze lauwwarm is.
| Maak een grillpan op het vuur heel heet en leg de bavette in de pan. Draai het stuk vlees na 7 minuten om en gril de bovenzijde. De ideale bakwijze is bleu chaud of saignant. De gaartijd hangt af van de dikte van de bavette en de grilltemperatuur.
| Marineer de bavette 10 tot 15 minuten in de marinade.

AFWERKING

| Snij met een vlijmscherp vleesmes de bavette in fijne plakjes.
| Serveer iedereen een portie koude noedelsalade en leg er wat lapjes tataki op. Strooi wat grof zout over het vlees.

TAJINE VAN KONIJN

Bereidingstijd
100 minuten
(incl. 60 minuten stoven)

De Noord-Afrikaanse pot van aardewerk in de vorm van een puntige feesthoed inspireert mij om creatief aan de slag te gaan. Is dat 'fusion'? Probeer het gewoon zelf, en ervaar hoe eenvoudig het is om met typisch Vlaamse producten en wat zuiderse inspiratie een eenvoudig culinair tovenaarskunstje uit te voeren.

Ingrediënten
(4 personen)

VOOR HET GEMARINEERDE KONIJN
1 konijn (versneden door de poelier)
2 teentjes look
30 g gember (stukje knol)
1 citroen
3 eetlepels honing
1 dl olijfolie
peper en zout

VOOR JE PERSOONLIJKE KRUIDENMIX
1 kaneelstokje
1 theelepel korianderzaad
1 theelepel venkelzaadjes
1 theelepel kurkumapoeder
een snuifje komijnpoeder
4 gedroogde chilipepertjes (naar smaak)
2 kruidnagels

VOOR DE TAJINE
2 sjalotten
3 wortels in blokjes
2 selderstengels
800 g gepelde tomaten (in blik)

Bereiding

GEMARINEERD KONIJN

| Pel de look en plet de teentjes tot pulp. Schil het stukje gemberknol en rasp het zachtgele vruchtvlees fijn. Meng in een ruime mengschaal.
| Pers de citroen uit in het mengsel van look en gember. Knijp of schep er de honing bij.
| Schenk de olijfolie in de schaal en kruid de marinade met wat peper van de molen en een snuif zout.
| Leg de stukken konijn in een ovenschaal en schenk er de marinade over. Wentel het vlees door het mengsel, zodat het de smaken maximaal kan opnemen. Zet de schaal even aan de kant en laat het konijn 20 minuten marineren. (Draai de stukken vlees tussendoor om.)

PERSOONLIJKE KRUIDENMIX

| Vul een hakmolentje met de kruidnagels, het korianderzaad, het venkelzaad, het kaneelstokje en de gedroogde chilipepertjes. Maal alle specerijen poederfijn.
| Voeg vervolgens de kurkuma en een beetje komijn toe.

TAJINE

| Pel de sjalotten en schil de wortelen. Schil de selderstengels zodat er geen taaie vezels in achterblijven. Snij de drie groenten grof.
| Zet de tajine op een stevig vuur en laat de stoofpot enkele minuten voorverwarmen.

een scheut witte wijn (bodempje)
enkele takjes peterselie
een scheut olijfolie
peper en zout

VOOR DE COUSCOUS
250 g couscous
5 dl kippenbouillon of groentebouillon
40 g boter
peper en zout

Verse kippen- of groentebouillon? Het recept vind je in de eerste drie boeken van *Dagelijkse kost*.

EXTRA MATERIAAL
tajine
fijne rasp
hakmolentje of koffiemolen

| Schenk een beetje olijfolie in de tajine. Leg de gemarineerde stukken konijn in de hete schaal. Geef ze in enkele minuten aan beide zijden een licht goudbruin kleurtje. Kleur de stukken konijn eventueel in twee korte bakbeurten.
| Strooi de sjalot, wortel en selder in de hete schaal van de tajine.
| Leg alle stukken konijn in de tajine en schenk er een bodempje witte wijn bij. Roer de aanbaksels even los.
| Open het blik gepelde tomaten en hak er even door met je mes. Schenk de stukken tomaat over het konijn en strooi er een flinke portie van de kruidenmix over.
| Zet het vuur zachter en plaats het deksel van de tajine op de schaal. Laat alles een uur sudderen in de pot. (Het typische puntige deksel van de tajine zorgt ervoor dat het stoofgerecht voortdurend bedropen wordt met de condensatie van de dampen van de stovende ingrediënten, zodat alle smaken in de pot blijven.)

COUSCOUS

| Breng de bouillon kort voor het serveren tot tegen het kookpunt. Giet de couscous in een schaal en schenk er de hete bouillon over. Laat de korrels wellen.
| Smelt een klont boter in het couscousmengsel en roer. Zo krijg je een smeuïge variant van de traditionele couscous. Proef en kruid het gerecht met peper van de molen en wat zout.

AFWERKING

| Spoel wat peterselie en snipper het kruid fijn.
| Serveer de warme couscous bij de stoofpot van konijn. Je kan de tajine op de tafel zetten of met individuele porties werken.
| Strooi net voor het serveren de verse peterselie over de schotel.

KOELE RABARBERSOEP MET AARDBEIEN EN CITROENSORBET

Bereidingstijd
100 minuten
(incl. het afkoelen)

Een hete dag? Niks zo lekker als een koel 'soepje' op basis van rabarber met verse aardbeien en een bolletje citroensorbet erbij.

Ingrediënten
(4 personen)

VOOR DE RABARBERSOEP
500 g rabarber
5 dl water
5 dl zoete witte wijn
 (bv. Monbazillac)
100 g suiker
1 vanillestokje
1 citroen
1 kaneelstokje
1 stengel citroengras

VOOR DE GESUIKERDE MUNTBLAADJES
enkele takjes verse munt
1 ei
100 g witte suiker

VOOR DE AFWERKING
250 g aardbeien
een scheut citroenjenever
 (naar smaak)
4 dl citroensorbet

EXTRA MATERIAAL
keukenpenseel
grote zeef
ijsschepper

Bereiding

RABARBERSOEP

| Snij het topje en kontje van elke steel. Schil de stelen en snij ze in stukken van 3 tot 5 centimeter.
| Doe de rabarber in een kookpot, schenk er het water en de witte wijn bij. Breng het mengsel rustig aan de kook.
| Schep er suiker bij en verwarm het mengsel op een matig vuur.
| Doe er 5 schilletjes citroenzeste in. Pers het citroensap erbij en doe een uitgeperste halve citroen in de pot.
| Snij de vanillestok in tweeën en schraap er met een mespunt zo veel mogelijk zaadjes uit. Laat de zaadjes en de peul meekoken.
| Breek de stengel citroengras op verschillende plaatsen. Laat de stengel een kwartier mee pruttelen, samen met een kaneelstokje.
| Laat het mengsel afkoelen. Reken daarvoor 1 uur of langer.
| Giet het soepje door een zeef en druk de rabarberpulp goed aan, zodat alle vocht eruit lekt. (De droge pulp wordt niet gebruikt.)
| Zet het potje rabarbersoep in de koelkast.

GESUIKERDE MUNTBLAADJES

| Breek het ei en doe het eiwit in een schaal. (De dooier wordt niet gebruikt.) Klop met de garde het eiwit een klein beetje schuimig.
| Smeer met een keukenpenseel de muntblaadjes aan beide zijden in met een dun laagje eiwit.
| Leg de blaadjes in een schaaltje met suiker. Strooi er nog wat suiker bovenop. Laat ze daar zo lang mogelijk liggen.

AFWERKING

| Verwijder het kroontje van de aardbeien en snij ze in kwartjes.
| Voeg een scheut citroenjenever toe aan de rabarbersoep.
| Strooi in elk (soep)bord een portie aardbeistukjes. Schenk er koele rabarbersoep bij. Werk af met een bolletje citroensorbet en een blaadje gesuikerde munt.

GROENTEN VOL GEHAKT

Bereidingstijd
75 minuten

De alom bekende 'tomates farcies' krijgen familiebezoek. Ik vul drie soorten groenten met een smakelijk gehaktmengsel. Zo kan iedereen zijn favoriete groente uitkiezen.

Ingrediënten
(4 personen)

VOOR DE GEVULDE GROENTEN
300 g gemengd gehakt
1 grote courgette
2 grote tomaten
1 rode paprika
1 dikke sjalot
10 ontpitte olijven (bv. opgelegd op olie)
40 g zongedroogde tomaatjes
40 g Parmezaanse kaas
30 g paneermeel
1 ei
enkele takjes basilicum
een scheutje olijfolie
een snuifje Provençaalse kruiden
peper en zout

VOOR DE RIJST
400 g losse rijst
8 dl water of bouillon naar keuze
1 dikke sjalot
een scheutje olijfolie
peper en zout

Bereiding

GEVULDE GROENTEN

| Steek de paprika op een prikvork en blaker de schil zwart boven een stevig gasvuur. (Wie niet op gas kookt, kan de paprika schillen met een dunschiller.) Schraap de schil van de groente. Spoel de paprika ten slotte onder stromend water.
| Verwijder het topje en het steelstukje van de courgette en snij de groente in gelijke stukken van zo'n 5 centimeter lang.
| Hol met een lepeltje de stronkjes courgette uit. Hou het vruchtvlees bij. Schraap niet te dicht tegen de randen en de bodem, zodat de potjes van courgette stevig blijven.
| Breng water aan de kook. Leg de uitgeholde stukken courgette 2 minuten in het kokende water en dompel ze dan onder in ijskoud water. Laat de groente nadien uitlekken.
| Snij een kruisje in de top van elke tomaat. Dompel ze 12 tot 15 tellen onder in het kokende water en spoel ze onder koud stromend water. Pel de tomaten en snij het hoedje eraf.
| Snij de hoed van de paprika en laat het steeltje erop staan. Hou deze hoedjes bij. Snij de onderzijde van de paprika wat bij, zodat de groente stabiel staat.
| Verwijder de zaadlijsten van de paprika en hol de tomaten uit. Schik alle uitgeholde groenten en hoedjes in een ovenschaal.
| Pel de sjalot, snij ze middendoor en snipper ze fijn. Verhit een scheutje olijfolie in een pan en stoof de snippers glazig.
| Hak het vruchtvlees van de courgette fijn en laat dat meestoven met de stukjes sjalot. Roer af en toe eens in de pan. Giet de groentjes na een paar minuten in een mengschaal.
| Hak de olijven en de zongedroogde tomaten fijn. Doe ze in de mengschaal, samen met het gehakt.
| Rol de basilicumblaadjes op tot een soort van 'sigaar' en snipper ze fijn. Voeg het kruid toe aan het gehaktmengsel.

Verse kippen-
groentebouillon?
Het recept vind je in de
eerste drie boeken van
Dagelijkse kost.

EXTRA MATERIAAL
kleine lepel (om de
courgettes uit te hollen)
kaasrasp

| Rasp de Parmezaanse kaas erbij. Voeg wat peper van de molen, een snuifje Provençaalse kruiden en eventueel wat zout toe.
| Was je handen en kneed het gehakt en alle smaakmakers tot een egaal mengsel. Voeg vervolgens het ei toe en meng verder.
| Voeg paneermeel toe en kneed alles goed door elkaar.
| Vul de groenten met het gehaktmengsel. Laat de vleesvulling tot boven de rand komen.
| Zet de hoedjes op de gevulde groenten en plaats de paprika in een apart ovenschaaltje.
| Verwarm de oven voor op 180 °C.
| Plaats de paprika in de oven. Zo'n 15 minuten later kunnen de andere groenten erbij. De gaartijd voor de paprika is ongeveer 40 minuten, die voor de tomaten en courgettes 25 minuten.

RIJST

| Pel de sjalot en snipper ze zeer fijn. Verhit een scheutje olijfolie in een stoofpot op een matig vuur. Stoof de snippers sjalot kort in de hete olie. Laat de stukjes niet kleuren.
| Giet de rijst in de pot en roer. Laat de rijst kort meebakken.
| Schenk de bouillon (of het water) bij de rijst, volgens de verhouding een derde rijst en twee derde vocht. Zet het deksel op de pot.
| Laat de rijst garen op een zacht vuur tot de korrels al het vocht hebben opgeslorpt. Controleer regelmatig en voeg indien nodig wat extra bouillon of water toe.
| Roer en kruid de rijst met peper van de molen en zout.

AFWERKING

| Serveer iedereen z'n favoriete gevulde groente(n), samen met een schep rijst.

KOUDE PASTASALADE MET SPEK EN FETA

Bereidingstijd
40 minuten

Mijn pastasalade met pittige feta en krokant spek is ideaal op een uitstap of voor een picknick in de tuin. De dressing smaakt bovendien heerlijk bij allerhande groene slaatjes.

Ingrediënten
(4 personen)

VOOR DE PASTASALADE
400 g penne
200 g Griekse fetakaas
12 dunne sneetjes gerookt of gezouten spek
250 g kerstomaten
100 g jonge spinazie
100 g zwarte olijfjes (ontpit)
4 eetlepels pijnboompitten
peper en zout

VOOR DE DRESSING
2 eieren
1 dl ongezoete yoghurt
3 filets zoute ansjovis (op olie)
½ limoen
1 eetlepel mosterd
1,5 dl arachideolie of fijne slaolie
enkele druppels Engelse saus (worcestershiresaus)
een snuifje cayennepeper

EXTRA MATERIAAL
staafmixer
bakmatje of bakpapier

Bereiding

| Kook de penne gaar in een ruime hoeveelheid water met een flinke snuif zout. De pasta mag wat 'beet' hebben, dus doe gerust een minuutje af van de richtlijnen op de verpakking. Spoel de deegwaren onder koud stromend water en giet ze in een ruime mengkom.

| Verwarm de oven voor op 180 °C. Snij het zwoerd van de plakjes spek en verwijder stukjes kraakbeen.

| Bedek de ovenschaal met een bakmatje en vlij er de sneetjes spek op. Rooster in 15 tot 20 minuten het spek in de hete oven tot het goudbruin en krokant is (afhankelijk van het type oven).

| Leg de lapjes spek op een vel keukenpapier, zodat het overtollige braadvet verdwijnt. Zo wordt het spek extra krokant.

| Spoel de blaadjes spinazie in ruim water en laat ze uitlekken.

| Rooster de pijnboompitten in een droge pan goudbruin, op een matig vuur. Let erop dat ze niet verbranden.

| Verbrokkel de feta en strooi de stukjes bij de penne. Halveer de kerstomaten en voeg ze toe. Strooi de hete pijnboompitjes erbij.

| Doe de dooiers in een mengbeker. Voeg een lepeltje mosterd en het vers limoensap toe en druppel er wat worcestershiresaus in. Doe er de ansjovisfilets en het cayennepeper bij.

| Schenk al mixend de arachideolie in de beker. Ga door tot je een soort van dikke mayonaise krijgt.

| Schenk de yoghurt erbij en mix opnieuw. Voeg naar smaak extra worcestershiresaus en/of cayennepeper toe.

| Schep enkele lepels dressing bij de pasta en roer alles door elkaar. Overdrijf niet met de saus: toevoegen kan altijd.

| Voeg de zwarte olijfjes toe en verbrokkel de lapjes krokant spek in onregelmatige stukken. Strooi de spinazieblaadjes in de kom en meng alles. Voeg naar smaak wat peper van de molen toe.

| Plaats de pastasalade nog een half uurtje in de koelkast en serveer.

CANNELLONI VAN AUBERGINE

Bereidingstijd
100 minuten

Blinkende, donkere aubergines hebben de ideale maten en textuur om er rolletjes met een lekkere vulling van te maken. Dat dit gerecht vegetarisch is, daar zal zelfs de grootste fan van vlees en vis geen punt van maken.

Ingrediënten
(4 personen)

VOOR DE CANNELLONI EN VULLING
2 aubergines
200 g spinazie
400 g mozzarella (bol)
150 g Parmezaanse kaas
100 g ricotta
½ busseltje basilicum
1 koffielepel scherpe mosterd
een scheutje olijfolie
peper en zout

VOOR DE SAUS
5 zeer rijpe tomaten
2 dl tomatenpulp
1 ui
1 teen look
1 kleine chilipeper
een snuifje gedroogde oregano
een paar flinke scheuten olijfolie
peper en zout
een beetje suiker (eventueel)

EXTRA MATERIAAL
mandoline
ruime antikleefpan
kaasrasp

Bereiding

SAUS

| Zet een ruime stoofpot op een matig tot zacht vuur. Schenk er een flinke scheut olijfolie in.
| Pel de ui en snipper hem fijn. Pel de look en plet de teen tot pulp. Stoof de look en ui in de hete olijfolie. Roer regelmatig.
| Snij het chilipepertje overlangs in tweeën, verwijder de zaadjes en snipper het pepertje fijn. Roer de stukjes onder de ui.
| Snij het kroontje en het taaie hart uit de rijpe tomaten, snij ze in grove stukken en laat ze meestoven.
| Strooi een snuif gedroogde oregano in de stoofpot, schenk er nog wat extra olijfolie bij en roer. Laat de groenten 10 minuten pruttelen op een zacht vuur.
| Voeg de tomatenpulp toe en laat de saus nog een halfuurtje pruttelen.
| Proef de gare saus en voeg naar smaak wat zout en peper van de molen toe. Te zuur? Voeg dan een lepeltje suiker toe.

CANNELLONI EN VULLING

| Snij het steeltje van de aubergine en snij de groente met een breed mes of een mandoline in de lengte in plakjes van enkele millimeters dik. De buitenste schijfjes die voornamelijk uit donkere schil bestaan, gebruik je niet.
| Verhit een klein scheutje olijfolie in een antikleefpan. Leg de pan vol met schijfjes aubergine en kruid ze met peper en zout. Draai ze na minder dan 1 minuut al om. Zodra ze licht kleuren, laat je de lapjes groente afkoelen en uitlekken op een vel keukenpapier. Kleur de schijfjes in meerdere bakbeurten.

Tip: Gebruik niet te veel olie, want aubergines zijn als een spons.

- Snij ongeveer drie kwart van de mozzarella in kleine stukjes en doe ze samen met de ricotta in een ruime mengschaal.
- Rasp de Parmezaanse kaas erbij. (Hou een beetje van de kaas apart voor de afwerking.) Meng de drie kazen.
- Schep er wat scherpe mosterd bij en maal er wat peper van de molen in. Proef: de mosterd is ideaal om extra smaak toe te voegen. Extra zout is door de Parmezaanse kaas niet nodig.
- Spoel de spinazie in ruim water. Trek de stelen van de bladeren en verwijder zo in één beweging ook de taaiste bladnerf. (Indien je jonge spinazie gebruikt, is dat overbodig.)
- Laat de spinazie goed uitlekken.
- Snij de blaadjes basilicum en spinazie in fijne reepjes. Roer de groene snippers doorheen het kaasmengsel.

AFWERKING

- Schep wat tomatensaus in een ruime ovenschaal en bestrijk er de bodem van de schaal mee.
- Verwarm de oven voor op 180 °C.
- Schep op elk lapje aubergine een kleine portie van de vulling. Rol elk lapje aubergine op tot een cannellone.
- Schik de groentecannelloni in de ovenschaal en schep de rest van de tomatensaus over de rolletjes.
- Snij het restje mozzarella in blokjes en strooi deze over de schotel. Rasp er nog een laagje Parmezaanse kaas over.
- Gaar de ovenschotel zo'n 30 minuten in de hete oven, tot de borrelende saus een goudgeel kaaskorstje krijgt.

Tip: Serveer het gerecht met een kruidenslaatje van platte peterselie, basilicum, kervel en bieslook met olijfolie, balsamicoazijn, peper en zout.

SPAGHETTI BOLOGNESE

Bereidingstijd
40 minuten
(excl. 180 minuten garen in de oven)

De origine van de bolognesesaus is een ingewikkelde Italiaanse kwestie, maar ik ga voor een 'westerse' versie. Neem er de tijd voor, want de saus wordt pas echt lekker als ze drie uur kan staan pruttelen in een oven.

Ingrediënten
(4 personen)

500 g spaghetti
1 kg gemengd gehakt
4 dikke sneetjes pancetta (0,5 centimeter dik)
2 dikke uien
1 teen look
4 stengels selder
2 dikke wortelen
250 g Parijse champignons
100 g tomatenpuree (geconcentreerd)
800 g tomatenstukjes (in blik)
3 dl passata van tomaten
1 dl rode wijn
1 bouquet garni van rozemarijn, tijm, oregano, laurier
een toefje harissa (Tunesische kruidenpasta)
olijfolie

VOOR DE AFWERKING
gemalen kaas (bv. emmentaler)

EXTRA MATERIAAL
ovenvaste stoofpot met deksel

Bereiding

| Pel de uien en snipper ze in kleine stukjes. Verhit een scheut olijfolie in een ovenvaste stoofpot op een stevig vuur. Zet het vuur lager en stoof er de ui in.

| Verwijder het loof van de selder. Snipper de selder in kleine stukjes en laat ze meestoven met de uien.

| Schil de wortelen en snij ze in kleine blokjes. Laat ze meestoven. Roer regelmatig.

| Pel de look, plet de teen tot pulp en voeg hem toe.

| Bind de tijm, rozemarijn, laurier en oregano samen en voeg het bouquet garni toe aan de stoofpot. Laat 10 minuten stoven op een zacht vuur.

| Verhit een scheut olijfolie in een braadpan. Doe het gehakt in de pan en verdeel het over de bodem. Laat het enkele minuten bakken op een matig vuur, zonder te roeren.

| Roer het gehakt met een spatel voor de eerste keer om. Verklein de stukken die te groot zijn. Laat het gehakt nog een paar minuten bakken tot het gaar is.

| Snij de pancetta in kleine blokjes. Roer ze door de groenten. Zet het vuur hoger en laat het spek meestoven. Neem de pot van het vuur.

| Schep het gehakt met een spatel bij de gestoofde groenten met pancetta. (Het braadvet zou de saus veel te vet maken.) Hou de pan waarin je het vlees hebt gebakken, opzij.

| Verwarm de oven voor op 120 °C.

| Snij de champignons in kwartjes en bak ze goudbruin in de braadpan met braadvet van het gehakt. Schep ook de paddenstoelen met een spatel in de stoofpot.

| Zet de stoofpot op een zacht vuur. Roer de geconcentreerde tomatenpuree erin en laat de puree even meestoven. Voeg naar smaak wat harissa toe.

| Schenk de rode wijn in de pot. Roer tot de alcohol verdampt is.

| Voeg de tomatenstukjes, de passata en een scheutje water toe. Roer, zet het deksel op de pot en zet de saus 3 uur in de oven.

| Kook de spaghetti al dente in water met een flinke snuif zout.

| Haal de bolognesesaus uit de oven. Vis het kruidentuiltje uit de pot, proef en kruid eventueel met peper en zout.

OERKLASSIEK

DIKKE TOAST MET BRIE, WATERKERS EN EEN PICKLE VAN UI EN APPEL

Bereidingstijd
35 minuten (voor de pickle, excl. afkoelen)
25 minuten (voor de toast met afgewerkte pickle)

In de gastronomie zijn bewaartechnieken weer helemaal in. Een 'pickle' smaakt heerlijk zoet-zuur en je kan het resultaat van je kookkunsten maandenlang bewaren.

Ingrediënten
(4 personen)

VOOR DE PICKLE
2 dikke rode uien
2 appels (bv. jonagold)
40 g gember (knol)
4 eetlepels Loonse of Luikse siroop
2 dl balsamicoazijn
1 dl wittewijnazijn
1 kaneelstok
2 kruidnagels
2 blaadjes laurier
1 eetlepel scherpe mosterd
een scheutje olijfolie

VOOR DE TOAST
1 bruin brood
250 g brie

VOOR HET SLAATJE
1 busseltje waterkers
40 walnoten
een scheutje notenolie
een scheutje balsamicoazijn
peper en zout

EXTRA MATERIAAL
groenterasp
bewaarbokaal

Bereiding

PICKLE

- Pel de rode uien en snij ze in niet al te fijne halve ringen.
- Stoof de halve uiringen in een scheutje olijfolie in een stoofpot.
- Meng de balsamico- en de wittewijnazijn in een mengbeker.
- Schil het stukje gember en rasp het in de pot met stovende uien.
- Schenk er na enkele minuten het azijnmengsel bij.
- Voeg de kaneelstok, de kruidnagels en de blaadjes laurier toe.
- Schep de mosterd en de appelsiroop in de stoofpot. Laat het mengsel zacht koken.
- Schil de appels en snij ze in kwarten. Verwijder het klokhuis. Snij elk kwartje appel in ongeveer 9 gelijke stukken.
- Doe de appel in de pickle. Laat alles nog 5 minuten garen. (Niet langer, de stukken appel moeten stevigheid behouden.)
- Schep de pickle in een bewaarbokaal en laat hem afkoelen. Bewaar de pot in de koelkast met het etiket van vandaag erop.
- Serveer de pickle koud.

TOAST EN SLAATJE

- Haal de brie vooraf uit de koelkast.
- Spoel de waterkers: pluk de blaadjes los en laat ze uitlekken.
- Snij dikke toasten van het bruine brood. Kleur het brood goudbruin in een broodrooster of onder de ovengrill.
- Doe de blaadjes en fijne takjes waterkers in een slakom.
- Hak de noten fijn. Werk het slaatje af met de noten, notenolie en balsamicoazijn. Kruid met peper en zout.

AFWERKING

- Leg elke warme toast op een bord. Schep er een flinke lepel van de pickle over. Leg op elke toast enkele schijfjes malse brie. Boven op de kaas komt een toef van de waterkerssalade met walnoten.

VEGETARISCH

SIMPEL GEBAKKEN BOSVRUCHTENTAART

Bereidingstijd
115 minuten (incl. baktijd, excl. afkoelen)

Deze bosvruchtentaart is een van de eerste taarten die ik ooit heb gebakken, dus geen wonder dat ze eenvoudig is. Laat de taart na het bakken goed afkoelen: zo wordt ze steviger.

Ingrediënten
(4 personen)

VOOR HET KOEKJESDEEG
125 g petit-beurrekoekjes
125 g amandelen
125 g malse boter

VOOR DE TAARTVULLING
250 g ricotta
250 g platte kaas
2 dl zure room
3 eieren
100 g suiker
1 eetlepel maiszetmeel (bv. maizena)
2 eetlepels vanillesuiker
1 limoen
100 g frambozen
100 g braambessen
100 g bosbessen

VOOR DE AFWERKING
een beetje bloemsuiker
vanille-ijs (eventueel)

EXTRA MATERIAAL
springvorm (diameter ong. 23 centimeter)
keukenmachine met hakmolen
bakpapier
fijne rasp
zeef of strooibus met bloemsuiker

Bereiding

KOEKJESDEEG

- Hak de petit-beurrekoekjes en de amandelnoten in de keukenmachine fijn.
- Doe er stukjes malse boter bij en laat de machine alles goed mengen.
- Bedek de bodem van de springvorm met een rondje bakpapier. Schep het koekjesmengsel in de springvorm en verdeel het 'deeg' egaal over de bodem en de zijkant. Druk het stevig aan met je vingers.
- Laat de taartbodem in de springvorm opstijven in de koelkast.

TAARTVULLING

- Schep de platte kaas en de ricotta in een mengkom en doe er de zure room bij.
- Breek de eieren erin en meng alle ingrediënten door elkaar. Voeg dan de suiker en vanillesuiker toe.
- Los het maiszetmeel met een vork op in een scheutje water en schenk het mengsel in de mengkom.
- Rasp de dunne groene schil van de limoen in de vulling. Snij de limoen in tweeën en pers het sap in het mengsel. Roer alles glad.
- Warm de oven voor op 150 °C.
- Haal de taartbodem uit de koelkast en schep de vulling erin.
- Verdeel de frambozen, bosbessen en braambessen over het oppervlak van de taart. Laat ze een beetje in het beslag zakken.
- Plaats de taart in de warme oven. Laat ze 70 tot 80 minuten bakken (afhankelijk van het type oven). Het hart mag nog een beetje zacht zijn: als je met de taart schudt, zie je beweging.
- Geef de taart minstens 2 uur de tijd om af te koelen, ze zal dan een stuk steviger zijn.
- Serveer de sappige bosvruchtentaart met een beetje bloemsuiker erop. Lekker in combinatie met een bolletje vanille-ijs.

FISH STICKS MET TARTAARSAUS EN SPINAZIEPUREE

Bereidingstijd
70 minuten

In veel gezinnen is het feest als er vissticks op tafel komen. Meestal komen die gepaneerde visreepjes recht uit het vriesvak van de supermarkt, maar je kan ze natuurlijk ook vers maken.

Ingrediënten
(4 personen)

VOOR DE SPINAZIEPUREE
1 kg aardappelen (loskokend)
500 g verse spinazie
1 teentje look
1 ei
150 g boter
1 dl melk
een snuifje nootmuskaat
een snuifje zout

VOOR DE TARTAARSAUS
3 flinke eetlepels mayonaise
3 eieren
8 kleine augurken (op azijn)
1 eetlepel kappertjes
1 eetlepel verse dragon
enkele takjes krul- of bladpeterselie
½ busseltje bieslook
een scheutje natuurazijn
peper en zout

Verse mayonaise? Het recept vind je in de eerste drie boeken van *Dagelijkse kost*.

Bereiding

SPINAZIEPUREE

| Schil de aardappelen en kook ze gaar in water met een snuifje zout.
| Spoel de spinazie in ruim water. Als je geen jonge spinazie gebruikt, verwijder je best de taaiste stelen en bladnerven.
| Smelt een klontje boter in een ruime stoofpot op een matig vuur.
| Pel de look en prik de teen op een vork. Voeg de blaadjes spinazie toe en stoof ze in een paar minuten gaar. Roer intussen met de lookvork.
| Giet het vocht van de spinazie uit de pot. Mix de spinazie redelijk fijn.
| Giet de aardappelen af en doe ze bij de spinazie. Zet het vuur laag, zodat restjes vocht verdampen.
| Plet de aardappelen en spinazie tot een spinaziepuree.
| Breek het ei en doe de dooier in de puree. Hou het eiwit bij om straks de vissticks te paneren.
| Voeg de boter en melk toe en meng alles tot een smeuïge puree. Proef en kruid de puree met zout en versgeraspte nootmuskaat. Zet het deksel op de pot en hou de puree warm.

TARTAARSAUS

| Kook de eieren in ongeveer 10 minuten hard in een pannetje water. Koel de eieren nadien in koud water, tot ze tot in de kern zijn afgekoeld.
| Hak de zure augurkjes in zeer fijne stukjes. Zet het mes in de kappertjes. Doe ze in een mengschaal.
| Hak de peterselieblaadjes, de dragon en de bieslook superfijn en doe alle verse kruiden in de mengschaal.

| Pel de eieren en plet ze met een vork fijn tussen de kruiden.
| Schep een paar lepels mayonaise bij de garnituur voor de tartaarsaus. Roer en beslis dan pas of er extra mayonaise nodig is. De saus hoort rijkelijk te zijn, maar niet te vet.
| Proef en kruid de tartaarsaus met wat zout, peper van de molen en een scheutje natuurazijn. Zet de pot met saus in de koelkast.

FISH STICKS

VOOR DE FISH STICKS
700 g schelvisfilets
1 ei (of meer)
80 g bloem
50 g polenta
100 g panko
  (Japans paneermeel)
peper en zout

EXTRA MATERIAAL
pureestamper
staafmixer
friteuse met arachideolie

| Doe in een eerste schaaltje het ei (en het eiwit dat je eerder al bewaarde). Klop het ei goed los. Doe de bloem in een tweede schaaltje.
| Mix de panko kort in de beker van de blender en meng het samen met de polenta in een derde schaaltje.
| Snij de visfilets niet zomaar in reepjes, want dan zal de vis veel te gemakkelijk uit elkaar vallen bij het bakken. Snij elke visfilet overlangs in drie tot vier lange repen, van elk 3 centimeter breed. Snij deze repen in sticks van 8 centimeter lang.
| Kruid de stukjes schelvis aan beide zijden met een beetje zout en peper van de molen.
| Wentel de stukjes vis eerst doorheen de bloem. Klop zachtjes op de vissticks, zodat de overtollige bloem verdwijnt. Haal ze dan doorheen het geklutste ei en geef ze ten slotte een egaal laagje paneermeel.
| Verhit de friteuse met arachideolie op 180 °C. Bak de vissticks goudbruin gedurende zo'n dikke 3 minuten en laat ze uitlekken op wat keukenpapier.

Tip: Bak niet te veel vissticks per beurt. Te veel vis in het frituurmandje laat de temperatuur van de olie te fel zakken.

| Serveer een flinke schep spinaziepuree, leg er enkele knapperige vissticks op en schep er wat van de verse tartaarsaus bij.

RIJSTSALADE MET GEROOKTE MAKREEL, AVOCADO EN COCKTAILDRESSING

Bereidingstijd
45 minuten

Ingrediënten
(4 personen)

VOOR DE RIJSTSALADE
300 g wilde rijst (builtjes witte + wilde rijst)
1 gerookte makreel (op z'n geheel, ong. 350 g)
3 tomaten
1 pompelmoes
1 rijpe avocado
1 busseltje rucola
enkele takjes bladpeterselie
150 g maiskorrels in blik
2 eieren
grof zout (bv. Fleur de Sel)
peper

VOOR DE COCKTAILDRESSING
4 eetlepels mayonaise
3 eetlepels yoghurt
2 eetlepels ketchup
een scheutje whisky
enkele druppels tabasco

Verse mayonaise? Het recept vind je in de eerste drie boeken van *Dagelijkse kost*.

Bereiding

RIJSTSALADE

| Kook de rijst gaar volgens de instructies op de verpakking. Laat ze afkoelen en uitlekken. Stort de rijst in een ruime serveerschaal.
| Breng een pot met water aan de kook voor het emonderen van de tomaten en het koken van de eieren.
| Kook de eieren net niet hard, 8 tot 9 minuten kooktijd. Koel ze af in ijskoud water.
| Snij een kruisje in de top van elke tomaat. Dompel ze 12 tot 15 tellen onder in het water en spoel ze onder koud stromend water. Verwijder dan het flinterdunne vel met een scherp mesje en snij ze in kwartjes. Snij de zaadlijsten uit elk stukje tomaat. Snij het vruchtvlees van de tomaten in reepjes van 0,5 centimeter breed. Strooi de stukjes over de rijst.
| Snij de avocado middendoor. Verwijder de grote pit en de schil en snij in grove stukken. Leg ze in de schaal met rijst.
| Schil de pompelmoes met een scherp mesje en snij er de partjes uit met de 'a vif' techniek: snij van boven naar onderen repen van de schil door je mes net achter de schil te zetten en voorzichtig naar beneden te snijden. Als je de laatste restjes van het witte vliesje wegsnijdt, zie je de partjes zitten. Wrik ze los met je mes.
| Snipper de blaadjes peterselie fijn. Laat de maiskorrels uitlekken. Strooi ze allebei over de schotel. Meng alles voorzichtig.
| Snij de afgekoelde eieren in kwartjes. Strooi over elk partje wat grof zout.
| Trek het vel van de gerookte makreel. Pluk het visvlees in zo groot mogelijke stukken van de graat. Pluk achtergebleven dunne graatjes voorzichtig weg.
| Breek de stukken makreelfilet in hapklare stukken en verdeel ze over de rijstsalade. Maal er een beetje peper over.

COCKTAILDRESSING

| Schep de yoghurt en de mayonaise in een mengschaaltje. Voeg een flinke toef ketchup toe en enkele druppels rode tabasco.
| Werk de saus af met een voorzichtig scheutje whisky.
| Meng alles tot een gladde rozige cocktailsaus.
| Strooi wat rucolablaadjes over de rijstschotel en lepel er cocktailsaus over. Serveer de rest van de saus er apart bij.

SCAMPI MET CHORIZO EN TROSTOMATEN

Bereidingstijd
40 minuten

In dit voorgerecht spelen scampi de hoofdrol en krijgt Spaanse chorizo een pittige bijrol. Dit recept verander je in een handomdraai in een hoofdgerecht door wat meer scampi te geven en er gekookte rijst bij te serveren.

Ingrediënten
(4 personen)

20 scampi
 (5 stuks per persoon)
150 g dunne droge chorizo
 (stuk)
4 trostomaten
2 rode uien
2 teentjes look
1 rode chilipeper
1 takje rozemarijn
een paar takjes tijm
een paar takjes oregano
1 koffielepel zacht paprikapoeder
 (eventueel gerookte paprika)
1 dl witte wijn
1 dl room
een scheutje olijfolie
zout

VOOR DE AFWERKING
1 stokbrood

Bereiding

| Ontdooi de scampi vooraf. Verwijder de koppen en de pantsers. Vergeet niet om het darmkanaal weg te halen: maak daarvoor een ondiepe snede over de hele rug van de dikke garnaal.
| Snij de scampi in de lengte bijna doormidden: de twee helften moeten bij het staartstuk nog vastzitten.
| Verhit een scheut olijfolie in een grote braadpan en bak de scampi kort krokant. Draai ze na 1 minuut om en neem dan de pan van het vuur.
| Schep de scampi uit de pan en zet ze opzij.
| Pel de (rode) uien en de look. Snij de teentjes fijn en plet ze tot pulp. Halveer de uien en snij ze in zeer fijne snippers.
| Snij de rode chilipeper in piepkleine stukjes. (Wie niet zo van een pikante smaak houdt, verwijdert de zaadjes van de peper.)
| Verwijder het taaie velletje van de gedroogde chorizo en snij de worst in schijfjes van 0,5 centimeter dik.
| Laat wat olijfolie heet worden in de braadpan en bak er de chorizo in. Voeg na 1 minuut de ui en lookpulp toe. Roer en stoof dit alles op een zacht vuur. Doe de tijm en rozemarijn bij de ui en worst. Laat de inhoud van de pan 5 minuten stoven.
| Ontvel de tomaten: breng daarvoor een pot met water aan de kook. Snij een kruisje in de top van elke tomaat. Dompel ze 12 tot 15 tellen onder in het water en spoel ze onder koud stromend water. Verwijder het flinterdunne vel met een scherp mesje en snij de tomaten in kwartjes. Snij de zaadlijsten uit elk stukje tomaat, snij de partjes in blokjes en doe ze in de pan.
| Bepoeder het gerecht met het milde (gerookte) paprikapoeder.
| Schenk de witte wijn erbij. Laat de alcohol en een deeltje van het vocht verdampen op een matig vuur.
| Schenk er de room bij. Proef de saus en kruid naar smaak met zout.
| Leg de gebakken scampi in de saus en laat ze kort opwarmen.
| Snipper de blaadjes van de oregano fijn. Serveer elke gast een portie scampi met enkele lepels tomatenroomsaus met chorizo. Strooi er enkele snippers oregano over. Serveer met stokbrood.

SPICY NOEDELS MET GEBAKKEN TOFOE

Bereidingstijd
40 minuten

Ingrediënten
(4 personen)

VOOR DE NOEDELS EN TOFOE
400 g udon noedels (Japanse tarwenoedels)
400 g tofoe (blok)
250 g oesterzwammen
200 g sluimererwten
100 g ongezouten pindanoten
1 limoen
enkele takjes koriander
een scheut olijfolie
zout

VOOR DE KRUIDENPASTA
3 sjalotten
2 teentjes look
60 g gember (stukje knol)
2 kleine rode chilipepers
2 stengels citroengras
1 koffielepel kurkuma
3 eetlepels plantaardige olie
2 dl groentebouillon
4 dl kokosmelk (ongezoet)
zout

Verse groentebouillon? Het recept vind je in de eerste drie boeken van *Dagelijkse Kost*.

EXTRA MATERIAAL
keukenmachine met hakmolen
friteuse met plantaardige olie

Bereiding

| Hak de pindanoten fijn in de blender. Zet ze even opzij in een kommetje.
| Snij de oesterzwammen in grove stukken. Spoel de sluimererwten en snij ze in grove stukken.
| Verhit een scheut olijfolie op een matig tot hoog vuur in een diepe pan en stoof de oesterzwammen en sluimererwten gedurende een paar minuten.
| Neem de pan van het vuur en schep er de dampende groenten uit. Hou de groenten en de pan even opzij.
| Pel de sjalotten en snij ze grof. Pel de look. Schil de gember en snij het stukje knol in stukjes. Snij het taaie citroengras in kleine stukjes. Snij de chilipepers in grove stukken.
| Maal alle ingrediënten tot een fijne en aromatische pasta in de hakmolen van de keukenmachine. Laat de machine voldoende lang draaien.
| Voeg wat kurkuma (gemalen geelwortel) toe voor een zonnige gele kleur. Schenk er een scheut olie bij. Mix alles een laatste keer.
| Verhit de pan waarin je eerder de groenten hebt gestoofd op een matig vuur. Schep de kruidige pasta in de pan en stoof deze gedurende 5 minuten. Roer zeer regelmatig in de pan.
| Schenk er de groentebouillon en de ongezoete kokosmelk bij. Laat de saus zacht pruttelen.
| Vul een ruime kookpot met water en een snuif zout en breng aan de kook. Gaar de Japanse noedels zoals aangegeven op de verpakking. Laat de noedels uitlekken.
| Verhit het frietvet tot 180 °C. Snij het blok tofoe in dobbelstenen van 2 tot 3 centimeter dik.
| Bak de blokjes tofoe gedurende enkele minuten in het hete vet. De bleke tofoe krijgt een goudgeel korstje.
| Pluk de blaadjes van de koriander. Snij de limoen in partjes.
| Voeg de gestoofde sluimererwten en oesterzwammen toe aan de zachtgele saus met kokosmelk. Schep de noedels in de kruidige saus. Roer voorzichtig en laat alles even op temperatuur komen. Proef en kruid de saus naar smaak met een beetje zout.
| Serveer een portie noedels met saus in diepe borden. Leg er een portie gefrituurde tofoeblokjes bij. Werk elk bord af met wat gemalen pindanoten, verse koriander en een partje limoen.

GEITENKAASKROKETTEN MET PANCETTA EN KOMKOMMERSALADE

Bereidingstijd
60 minuten (excl. afkoelen en opstijven kroketvulling)

Kaaskroketten blijven een van de allerpopulairste bistrogerechten. Ik maak een kleine variatie op het thema door de kroketten te bereiden op basis van verse geitenkaas.

Ingrediënten
(4 personen – 25 tot 30 kroketten)

VOOR DE KROKETTEN
150 g boter
150 g patisseriebloem
5 dl melk
2 dl room
300 g verse geitenkaas (zonder korst)
100 g pancetta (dunne sneetjes)
2 blaadjes gelatine (ong. 4 g per blaadje)
2 eieren
100 g bloem
100 g panko (Japans broodkruim) of paneermeel
een snuif nootmuskaat
een scheut olijfolie
peper en zout

Weeg de ingrediënten zorgvuldig af!

Bereiding

KROKETTEN

- Snij de verse geitenkaas in grove stukken.
- Smelt de boter in een stoofpot op een matig vuur zonder dat hij kleurt.
- Meng de melk en de room in een maatbeker.
- Laat de blaadjes gelatine weken in een beker koud water.
- Giet de bloem bij de gesmolten boter en blijf een minuut roeren met de garde op een matig vuur.
- Schenk er de melk met room bij en roer met de garde. Blijf in het mengsel roeren tot het bindt.
- Doe de geitenkaas in de pot en blijf roeren tot de laatste kaas weggesmolten is.
- Knijp de blaadjes gelatine uit en roer ze door de saus. Neem de pot even van het vuur.
- Verhit een scheutje olijfolie in een kleine braadpan op een matig vuur.
- Snij de sneetjes pancetta in zeer kleine stukjes. (Te grote stukken vlees kunnen de kroketten doen openbarsten.)
- Bak de pancetta een minuutje in de hete pan. Schud de stukjes regelmatig op. Meng de gebakken pancetta doorheen het kaasmengsel.
- Rasp wat nootmuskaat in de pot en maal er wat peper in. Proef of het mengsel voldoende zout is. Voeg indien nodig wat toe.
- Vet de bodem en de randen van een ovenschaal in met olijfolie.
- Stort het kaasmengsel in de schaal. Verdeel het egaal. Let erop dat de laag kroketvulling niet dikker is dan 4 centimeter. Leg een vel bakpapier op het mengsel, druk het aan en wrijf het vlak.
- Laat de kroketvulling in een paar uur afkoelen en opstijven in de koelkast.

VLEES

64

VOOR DE VINAIGRETTE
1 eetlepel mosterd
1 eetlepel zure room
2 eetlepels honing
4 eetlepels walnotenolie
6 eetlepels fijne olijfolie
4 eetlepels wittewijnazijn of witte balsamicoazijn
peper en zout

VOOR DE KOMKOMMERSALADE
1 komkommer
verse kruiden naar keuze (bv. bieslook, peterselie en kervel)
peper en zout

EXTRA MATERIAAL
grote vlakke ovenschaal (min. 5 centimeter diep)
bakpapier
friteuse met plantaardige olie

VINAIGRETTE

| Doe de mosterd in een mengschaal en schenk er de walnotenolie, wittewijnazijn en een flinke scheut fijne olijfolie bij. Voeg de honing toe en meng alles met een garde.
| Schep er de zure room bij, roer en proef. Kruid de vinaigrette met wat zout en peper van de molen.

KOMKOMMERSALADE

| Snij de komkommer in stukken van 10 centimeter lang. Verdeel elk stuk in kwarten en snij het waterige hart weg. Snij de stukken komkommer in dunne slierten en doe ze in een mengschaal.
| Snipper de kruiden fijn. Meng ze door de komkommer en voeg naar smaak peper en zout toe.

AFWERKING KROKETTEN

| Vul drie schaaltjes: eentje met panko of paneermeel, een met bloem en een met losgeklopte eieren.
| Neem de opgesteven kroketvulling uit de koelkast. Verwijder het vel bakpapier en snij de randen van de vulling los. Stort met een spatel het opgesteven kaasmengsel op je werkblad.
| Snij de randjes bij. Snij de vulling eerst in repen van 4 tot 5 centimeter breed. Snij elke reep in vierkantjes.
| Rol elke 'blote' kroket eerst door de bloem, vervolgens door het losgeklopte ei en doe er ten slotte een laagje panko of paneermeel aan kleven. Zorg ervoor dat het volledige oppervlak van de kroket gepaneerd is.
| Verhit de olie in de friteuse tot 170 à 180 °C.
| Bak niet te veel kroketten per bakbeurt: vier kroketten per keer gedurende zo'n 2 minuten is prima.
| Laat de kroketten even uitlekken op keukenpapier.

Tip: Luister tijdens het bakken naar je frituurvet. Als er overdreven gesis te horen is, dan loopt er wellicht iets mis.

Tip: Kroketten die je niet meteen serveert, kan je invriezen. Stapel ze niet gewoon op elkaar in de vriesdoosjes: leg er een stukje bakpapier tussen.

| Lepel wat van de vinaigrette over het komkommerslaatje en meng. Serveer de versgebakken kroketten met wat frisse sla.

ROMIGE VISSOEP MET ONZE GARNALEN

Bereidingstijd
60 minuten

Ik gebruik onze beroemde Noordzeegarnalen om er een eenvoudige, eerlijke vissoep mee af te werken. Serveer de soep op een feestelijk diner. Of gewoon omdat je altijd eindeloos kan genieten van een bord verse soep.

Ingrediënten
(4 personen)

VOOR DE VISSOEP
2 liter visfumet
400 g witte vis (vis van het seizoen of wijting)
3 preistengels
4 selderstengels
3 dikke aardappelen
3 uien
1 teentje look
3 dl appelcider
 (of 2 dl witte wijn)
4 dl room
1 bouquet garni van tijm, laurier, peterselie
een klontje boter

VOOR DE AFWERKING
300 g grijze garnalen (ongepeld)
5 tomaten
enkele takjes dragon
enkele takjes peterselie
enkele takjes kervel
enkele takjes bieslook
enkele blaadjes zuring

Verse visfumet?
Het recept vind je in de eerste drie boeken van *Dagelijkse kost*.

EXTRA MATERIAAL
staafmixer
grote zeef

Bereiding

| Pel de garnalen. Vries de pantsers in om er later visfumet mee te maken.
| Smelt een klontje boter in een ruime stoofpot, op een matig vuur. Pel de uien en snij ze in grove stukken. Stoof ze in de boter.
| Snij de prei en de selderstengels in grove stukken. Pel de look en snij de teen in stukjes. Stoof alles mee met de uien.
| Schil de aardappelen en snij ze in grove stukken. Laat ze enkele minuten meestoven met de soepgroenten.
| Schenk de appelcider in de pot met groenten. Bind met een keukentouw de peterseliestengels, verse tijm en laurierbladeren tot een bouquet garni. Doe de kruidentuil in de stoofpot.
| Giet de visfumet in de ketel met groenten en laat de soep een halfuur pruttelen op een zacht vuur.
| Ontvel de tomaten: snij een kruisje in de top van elke tomaat. Dompel ze 12 tot 15 tellen onder in het water en spoel ze onder koud stromend water. Verwijder het flinterdunne vel met een mesje en snij ze in kwartjes. Snij de zaadlijsten uit elk stukje tomaat en snij het vruchtvlees in blokjes van 0,5 centimeter.
| Zodra de soep klaar is, vis je het bouquet garni eruit. Zet de staafmixer in de pot en mix de soep glad.
| Het zeven van de soep is geen must, maar past wel bij een fijne vissoep. Gooi de groentepulp weg die achterblijft in de zeef.
| Schenk de room in de gezeefde soep en mix ze nog kort. Verwarm de soep op een zacht vuur.
| Snij de visfilet in hapklare blokjes van 2 centimeter en pocheer de vis in de warme soep. Na enkele minuten is de vis al gaar.
| Snipper de blaadjes zuring, de pijpjes bieslook, de dragon, de peterselie en de kervel in zeer fijne stukjes.
| Schep in elk bord een grote lepel soep met stukjes vis. Strooi er stukjes verse tomaat en snippers verse kruiden in. Werk elk bord af met een hand(je) verse grijze garnalen.

MUFFINS MET APPEL

Bereidingstijd
45 minuten (incl. baktijd)

Wie trek heeft in een verse, eenvoudige muffin met heerlijke appels, hoeft daar met dit recept geen vrijaf voor te nemen. De bruine suiker die in het beslag gaat, past perfect bij het fruit. De appels karamelliseer ik in wat ahorn- of esdoornsiroop.

Ingrediënten
(15 kleine muffins)

400 g zelfrijzende bloem
1 eetlepel bakpoeder
150 g bruine suiker
125 g boter
2,5 dl melk
2 eieren
1 appel (bv. jonagold)
½ theelepel gemalen kaneel (naar smaak)
een snuifje nootmuskaat
3 eetlepels ahornsiroop (esdoornsiroop)
een extra klontje boter
een beetje bloemsuiker (decoratie)

Weeg alle ingrediënten zorgvuldig af!

EXTRA MATERIAAL
keukenmachine met hulpstuk voor het beslag
bakplaat met muffinvormpjes
papieren cups voor kleine ronde cakejes
strooibus of zeefje

Bereiding

| Meng de bloem, de bruine suiker en het bakpoeder in de mengkom van de keukenmachine tegen een lage snelheid.
| Smelt de boter in een kleine kom op een zacht vuur, maar laat ze niet kleuren.
| Giet de melk erbij, en breek er even later de eieren in.
| Giet de gesmolten boter bij het beslag. Laat de machine alles op het gemak mengen. Hou het pannetje waarin de boter is gesmolten aan de kant.
| Schil de appel en snij de vrucht in kwarten. Verwijder het klokhuis en snij elk stukje appel in kleine blokjes van 0,5 centimeter.
| Doe een vers klontje boter in het pannetje waarin je eerder al boter hebt gesmolten, en verwarm het op een matig vuur.
| Stoof de stukjes appel 1 minuut in de bruisende boter en schenk er een beetje ahornsiroop over.
| Bepoeder de appelstukjes met een flinke snuif gemalen kaneel en een beetje nootmuskaat. Roer in het pannetje.
| Verwarm de oven voor op 210 °C.
| Schep de appelblokjes in het muffinbeslag en laat de machine heel even draaien.
| Plaats in elke kleine cakevorm twee papieren cups. Vul elke vorm tot bijna tegen de rand met beslag.
| Plaats de muffins in de hete oven. Bak ze gedurende 20 minuten.
| Prik met een vork in een muffin om te controleren of ze gaar zijn. Als er geen deegrestjes blijven kleven, zijn ze klaar.
| Laat de muffins afkoelen en presenteer ze met een dun laagje bloemsuiker erover.

GROENTEWOK MET KIP IN KOKOSMELK

Bereidingstijd
70 minuten

Romige kokosmelk en limoenbladeren geven een gerecht meteen een oosterse smaak. In dit gerecht vormen ze de basis voor een warme marinade waarin verse kip gegaard wordt.

Ingrediënten
(4 personen)

VOOR DE KIP MET MARINADE
4 kippendijen
1 liter kokosmelk (ongezoet)
1 rode chilipeper
2 limoenblaadjes
2 teentjes look
1 limoen
2 eetlepels bruine suiker
een scheutje vissaus
een scheutje olijfolie
een snuif kippenkruiden

VOOR DE WOK
1 rode ui
1 rode paprika
200 g mais (in blik)
200 g sluimererwten
1 paksoi (type oosterse kool)
150 g shiitake's (paddenstoelen)
40 g gember (stukje knol, naar smaak)
1 rode chilipeper
een scheutje arachideolie
een scheutje sesamolie
een scheutje sojasaus
enkele takjes koriander
enkele takjes munt

Bereiding

KIP MET MARINADE

| Giet de kokosmelk in een stoofpot. Snij de chilipeper in stukjes en doe ze bij de melk.
| Plet twee teentjes look en doe ze erbij.
| Snij de groene schil van de limoen in lange stroken, doe ze in de pot en knijp het limoensap erbij.
| Voeg de vissaus, bruine suiker en limoenblaadjes toe. Breng het mengsel aan de kook op een zacht vuur.
| Verwarm de oven voor op 200 °C.
| Stroop het vel van de kippendijen. Leg bakpapier op de ovenschaal. Spreid het vel uit over de plaat en druppel er wat olijfolie over.
| Bak het kippenvel krokant in de hete oven in 30 minuten. Laat het vel nadien even uitlekken op een stukje keukenpapier en strooi er kippenkruiden over.
| Snij van elke kippendij de drumstick (het onderste deel) af door met een mes doorheen het gewricht te snijden.
| Leg de acht stukken kip in de kokosmarinade. Plaats het deksel op de pot en laat de kip ongeveer een uurtje sudderen.
| Spoel de plank waarop je de kip hebt versneden.

WOK

| Spoel de bladeren van de paksoi onder stromend water. Snij de bladeren en bleke stelen in grove stukken.
| Spoel de sluimererwten en snij ze in grove stukken.
| Maak de shiitake's schoon met een borsteltje. Snij grote exemplaren in tweeën.
| Schil de rode paprika met een dunschiller. Verwijder de zaadlijsten en de steel. Snij het vruchtvlees in dunne reepjes.
| Open het blik mais en laat de inhoud uitlekken.

EXTRA MATERIAAL
bakpapier of bakmatje
wok

| Schil het stukje gember en snij het in zo fijn mogelijke stukjes.
| Pel en halveer de rode ui. Snij de ui in fijne halve ringen.
| Snij de rode chilipeper in zo klein mogelijke stukjes.
| Haal de gare kip uit de warme kokosmarinade. Pluk het malse vlees van de botjes en zet er even het mes in, zodat je fijne stukjes kip krijgt.
| Verhit de wok tijdig, zodat de roerbakpan gloeiend heet is. Schenk er een scheutje arachideolie in.
| Wok eerst de rode ui, chilipeper en gember. Roer alles om.
| Voeg even later de shiitake's, sluimererwten, paprika en maiskorrels toe.
| Blijf een minuut roeren en voeg dan de stukken paksoi erbij. Laat de kool kort meebakken en voeg dan de stukjes kip toe.
| Giet de sojasaus en sesamolie over het gerecht.
| Schep ten slotte een deel van de warme kokosmarinade in de wok. (Wel zonder de grote stukken chilipeper en limoen.)

AFWERKING

| Scheur de blaadjes munt en koriander. Serveer iedereen een portie van de schotel, strooi er verse koriander en munt over, en ten slotte wat chips van het krokante kippenvel.

GROENTESTOOFPOT MET KIKKERERWTEN EN PESTO

Bereidingstijd
70 minuten
(incl. stooftijd)

Kikkererwten vormen de basis voor dit gerecht. Boven op de warme, gestoofde groentemix lepel ik graag wat verse pesto: deze koude Italiaanse saus maakt het gerecht extra smaakvol.

Ingrediënten
(4 personen)

VOOR HET STOOFPOTJE
500 g kikkererwten (geweekt)
1 l groentebouillon
1 gele, oranje of rode paprika
4 wortelen
4 selderstengels
2 uien
2 teentjes look
400 g kerstomaten of tomaten in stukken in blik
80 g geconcentreerde tomatenpuree
1 eetlepel gedroogde oregano (minimum)
3 blaadjes laurier
enkele takjes tijm
een snuifje garam masala (oosterse kruidenmengeling)
een toefje harissa (Tunesische kruidenpasta)
4 sneetjes (bruin) brood
een scheut olijfolie
peper en zout

Bereiding

STOOFPOTJE

- Pel de uien, snij ze middendoor en vervolgens in kleine stukjes.
- Pel de tenen look en plet ze tot pulp.
- Doe een scheut olijfolie in een ruime stoofpot op een zacht vuur.
- Stoof de ui enkele minuten in de olie. Roer tussendoor. Voeg de look toe.
- Schil de wortelen en snij er de topjes en kontjes af. Verdeel ze in blokjes of rondjes en stoof ze mee.
- Schil de paprika met de dunschiller. Verwijder de zaadjes en snij het vruchtvlees in dunne reepjes. Voeg ze toe aan de pot.
- Snij de selderstengels (zonder loof) in kleine stukjes, doe ze bij de rest van de groenten en roer.
- Zeef de kikkererwten en spoel ze kort onder stromend water. Laat ze even meestoven in de stoofpot.
- Doe de geconcentreerde tomatenpuree in de pot en roer. Laat de rauwe tomatensmaak wegstoven.
- Strooi een flinke snuif gedroogde oregano over het gerecht.
- Voeg de tomatenstukjes in blik of de kerstomaten toe.
- Voeg wat harissa toe. (Alleen voor wie van pikant houdt.)
- Giet de (warme) groentebouillon in de pot.
- Snij het bruine brood in blokjes en doe het in de stoofpot.
- Voeg wat laurier en verse tijm toe.
- Wie van een zachte oosterse smaak houdt, kan een snuifje garam masala toevoegen.
- Proef en kruid de stoofpot met een snuifje zout. Voeg enkel peper toe als je geen harissa hebt gebruikt.
- Laat het gerecht 40 minuten pruttelen op een zacht vuur. Roer af en toe in de bereiding.

VEGETARISCH

VOOR DE PESTO
60 g verse basilicum
1 teentje look
60 g pijnboompitjes
80 g Parmezaanse kaas
   (in blok)
1,5 dl olijfolie
½ citroen
peper en zout

Verse groentebouillon?
   Het recept vind je in de
   eerste drie boeken van
   Dagelijkse Kost.

EXTRA MATERIAAL
blender of staafmixer

PESTO

| Snij de Parmezaanse kaas in blokjes.
| Doe de pijnboompitjes, de kaas, de gepelde look en de verse basilicum in de blender. Schenk er de olijfolie bij en mix alles tot een gladde pesto.
| Voeg het sap van de citroen toe en kruid met een snuifje zout en wat peper van de molen. Proef en kruid naar smaak bij.

AFWERKING

| Serveer de stoofpot in diepe borden en lepel over elke portie een beetje verse pesto. Zet wat extra pesto op tafel.

VEGETARISCH

PITA-PIZZA'S

Bereidingstijd
35 minuten (incl. baktijd)

Ingrediënten
(4 personen - 8 kleine pizza's)

VOOR EEN SNELLE TOMATENSAUS
1 ui
1 teentje look
400 g tomatenstukjes in blik
80 g tomatenpuree (geconcentreerd)
een snuif oregano of Provençaalse kruiden
een scheutje olijfolie
peper en zout

VOOR DE PIZZATOPPINGS
250 g gekookte ham (blok)
250 g (buffel)mozzarella
200 g gemalen kaas (bv. emmentaler)
een busseltje rucola

VOOR DE PITA-PIZZA'S
4 (grote) pitabroodjes
een scheut olijfolie

EXTRA MATERIAAL
aluminiumfolie
keukenpenseel

Bereiding

SNELLE TOMATENSAUS

- Pel en halveer de ui. Snipper de ui in fijne stukjes.
- Laat een scheutje olijfolie in een stoofpot heet worden en stoof de uisnippers op een matig vuur.
- Pel de look en plet hem tot pulp. Laat de pulp meestoven.
- Voeg een flinke snuif oregano toe.
- Doe de geconcentreerde tomatenpuree in de pot, roer en laat de rauwe smaak eruit bakken.
- Giet de tomatenstukjes in de pot. Proef even en kruid de saus met wat peper en zout.
- Laat de saus 10 tot 15 minuten op een zacht vuur pruttelen.

PIZZATOPPINGS

- Spoel de rucola schoon en laat de blaadjes goed uitlekken.
- Snij de bol mozzarella in kleine dobbelstenen.
- Snij het zwoerd van de ham. Snij het vlees in hamblokjes van 0,5 tot 1 centimeter breed.

PITA-PIZZA'S

- Verwarm de oven voor op 220 °C.
- Snij met een broodmes de pitabroodjes helemaal open: zo haal je uit elk broodje twee pizzabodems.
- Leg een dubbel vel aluminiumfolie op je werkplank. Druppel er wat olijfolie over en smeer dat uit met een keukenpenseel.
- Leg een half pitabroodje op de ingevette folie, met de zachte zijde naar boven.
- Smeer een lepel van de tomatensaus over het broodje. Strooi er hamblokjes en mozzarella over. Werk elke pizza af met gemalen kaas.
- Bak de pizza's 8 tot 10 minuten in de gloeiend hete oven.
- Strooi rucola op elke kleine pitapizza en serveer meteen.

EEN BRUINE BOTERHAM MET SALADE VAN ZALM, SELDER EN APPEL

Bereidingstijd
30 minuten

We kopen onze zalmsalade meestal kant-en-klaar, maar het is letterlijk een koud kunstje om dit broodbeleg zelf te maken.

Ingrediënten
(4 personen)

8 sneetjes donker brood
300 g zalm uit blik
   (in eigen nat)
4 selderstengels
½ appel
1 limoen
3 eetlepels Griekse yoghurt
2 eetlepels mayonaise
een scheutje ketchup
enkele takjes dragon
een snuifje cayennepeper
   (of enkele druppels
   tabasco)
een snuifje zout

VOOR DE AFWERKING
3 eieren
1 bakje tuinkers
½ komkommer
½ rode ui

EXTRA MATERIAAL
fijne rasp

Bereiding

| Kook de eieren 8 tot 9 minuten in water, zodat de dooier smeuïg blijft. Koel ze af in koud water.
| Giet het vocht uit het blik zalm. Pluk de vis los in een mengschaal. Kijk uit voor stukjes graat in het midden van de ingeblikte moot vis.
| Schil de appel en snij de vrucht in kwarten. Verwijder het klokhuis en snij de appel in piepkleine blokjes (brunoise). Doe de stukjes appel bij de zalm.
| Verwijder het loof van de selder. Schil met een dunschiller de taaie vezels weg aan de bolle zijde van de stengels.
| Snij de selder in repen van 10 centimeter en vervolgens in zo klein mogelijke blokjes. Doe ze in de mengschaal.
| Schep er yoghurt en mayonaise bij, samen met een likje ketchup.
| Meng alle ingrediënten tot een smeuïge salade. Zoek een goed evenwicht tussen de garnituren en de hoeveelheid saus.
| Snipper de blaadjes van de dragon in flinterdunne reepjes en meng ze onder de zalmsalade.
| Proef de salade en kruid naar smaak met zout en cayennepeper.
| Rasp een deel van de zeste – alleen het dunne groene laagje! – van de limoen in de salade. Knijp wat van het limoensap erbij.

AFWERKING

| Snij de komkommer in lange dunne plakken. Het waterige hart gebruik je best niet. Snij de plakjes in dunne slierten.
| Pel en halveer de rode ui. Snij het deel dat je nodig hebt in flinterdunne, bijna doorschijnende halve ringen.
| Pel de afgekoelde eieren en snij ze in plakjes.
| Smeer op een boterham een flinke laag zalmsalade. Schik er enkele plakjes ei, sliertjes komkommer en een beetje fijne rode ui op. Leg er een toef tuinkers op, en eindig met de tweede snee brood.

TRIFLE VAN ROOD FRUIT, MASCARPONE EN WITTE CHOCOLADE

Bereidingstijd
50 minuten

Dit is een dessert met karaktervolle laagjes: zurig fruit, zoete zachte mousse, knapperige kruimels, sap van rood fruit en witte chocolade. Deze trifle is een zoete zonde, en dat kan echt deugd doen ...

Ingrediënten
(4 personen)

10 zoete volkoren koekjes (of droge koekjes naar keuze)
450 g gemengd rood fruit (diepgevroren)
250 g mascarpone
200 g suiker
50 g witte chocolade
2 eieren
½ limoen
1 vanillestok

EXTRA MATERIAAL
zeef
vijzel (of blender)
rasp
dessertglazen

Bereiding

| Zet een kookpot op een matig vuur en strooi er de diepgevroren rode vruchten in.
| Schep er de helft van de suiker bij. Snij de limoen middendoor en knijp het limoensap in de pot.
| Laat het fruit 10 minuten opwarmen en pruttelen.
| Giet vervolgens het warme fruit door een zeef en vang het vruchtensap op. Hou het uitgelekte rode fruit apart. Laat het fruit en het sap afkoelen.
| Doe de andere helft van de suiker in een ruime mengschaal.
| Scheid de eieren en hou het eiwit opzij. Doe de dooiers bij de suiker en begin meteen te kloppen met de garde. Ga door tot je een ruban krijgt: een bleke, romige massa waarin de suiker helemaal is opgelost.
| Schep de mascarpone erbij en blijf kloppen tot de Italiaanse kaas door de ruban gemengd is.
| Snij de vanillestok overlangs in tweeën en schraap met een mespunt zo veel mogelijk zaadjes uit de peul. Meng de vanille door het mascarponemengsel.
| Klop de eiwitten in een mengkom tot een stevig schuim.
| Spatel het opgeklopte eiwit rustig onder het mascarpone-mengsel.
| Verkruimel de koekjes in een vijzel. Er mogen nog brokjes koek in achterblijven.

AFWERKING

| Schep in elk glas een laagje van het rode fruit. Lepel daarbovenop de mascarponemousse. Strooi een laag verbrokkelde koekjes op de mousse, en lepel daarover wat van het vruchtensap. Rasp er een laagje witte chocolade over.
| Herhaal dit alles nog eens: rood fruit, mascarponemousse, koekjeskruimels, vruchtensap en witte chocolade.
| Zet de dessertglazen in de koelkast of val meteen aan.

ORLOFFGEBRAAD MET WITLOOF-ROOM EN KROKETTEN

Bereidingstijd
90 minuten
(incl. braadtijd)

De roots van deze klassieker voeren ons terug naar het leven van een Russische prins, maar een orloffgebraad is ook gewoon lekker, smaakvol en feestelijk.

Ingrediënten
(4 personen)

- 1 kg varkensgebraad (liefst met een laagje vet erop)
- 6 stevige sneetjes rauwe ham (snijstand 4)
- 6 stevige sneetjes oude kaas (bv. Brugge Oud)
- 3 pijltjes witloof (liefst uit volle grond)
- 2 uien
- 2 tenen look
- een flinke scheut maderawijn
- 2 dl room
- 1 tak rozemarijn
- 2 kruidnagels
- een klont boter
- peper en zout

VOOR DE AFWERKING
- kroketten
- tuinkers of sla naar keuze

EXTRA MATERIAAL
- friteuse met plantaardige olie
- ovenvaste stoofpot of kookpot

Bereiding

- Verwarm de oven voor op 180 °C.
- Kruid het gebraad met peper en zout. Smelt een flinke klont boter in een (ovenvaste) pot op een matig vuur. Leg het gebraad op de vetkant in de pot zodra de boter bruin wordt. Laat het vlees 5 minuten liggen, zodat het een korstje krijgt.
- Pel de uien en snij ze in grove stukken. Strooi de stukken rondom het gebraad en laat ze meestoven.
- Kneus de look en breek de tak rozemarijn in tweeën. Doe de twee smaakmakers in de pot. Voeg de kruidnagels toe.
- Draai het varkensvlees om en leg het gebraad op de aromaten.
- Plaats de pot met deksel 30 tot 40 minuten in de oven (afhankelijk van de omvang van het gebraad en van het type oven).
- Haal de hete pot uit de oven en leg het varkensgebraad omgekeerd op een bord. Hou de oven op temperatuur. Verwijder de look, de rozemarijn en de kruidnagels.
- Snij het witloof in fijne reepjes. Doe ze in de stoofpot waarin je het gebraad hebt gegaard. Stoof de groente samen met de gekaramelliseerde uien die in de pot zijn achtergebleven.
- Schenk er na enkele minuten een flinke scheut maderawijn bij. Roer en giet er even later de room bij.
- Laat de saus minstens 5 minuten pruttelen op een zacht vuur. Proef en kruid de witloofroom met peper en zout.
- Snij het varkensgebraad in sneeën tot 1 centimeter dik.
- Snij de sneetjes ham en kaas in tweeën.
- Schik in een ovale ovenschaal telkens een lap gebraad, een sneetje kaas en een sneetje rauwe ham. Ga door tot het hele gebraad in de schotel is geschikt. Eindig gerust met kaas.
- Giet de witloofroom over het orloffgebraad. Plaats het gerecht zo'n 10 minuten in de hete oven.

AFWERKING

- Bak de diepvrieskroketten volgens de aanwijzingen op de verpakking. Bak niet te veel kroketten in één beurt.
- Schik een paar sneetjes van het gebraad, wat kroketten en een beetje tuinkers op elk bord.

OERKLASSIEK

KOUDE SCHOTEL

Bereidingstijd
100 minuten

Ingrediënten
(4 personen)

VOOR DE ZALM 'BELLE VUE'
500 g zalmfilet
 (staartstuk, op het vel)
5 dl visfumet
1 blaadje gelatine
cocktailsaus (naar smaak)
1 schijfje citroen
1 preistengel
 (de buitenste bladeren)
1 tomaat

VOOR DE PERZIK MET TONIJNSLA
8 halve perziken
400 g tonijn uit blik
 (uitgelekt, in eigen nat)
½ citroen
2 eetlepels mayonaise
een toefje ketchup
een toefje scherpe mosterd
enkele takjes krulpeterselie
enkele druppels tabasco
een snuifje cayennepeper

VOOR DE EITJES GEVULD MET EITJES
4 eieren
2 eetlepels mayonaise
1 eetlepel mosterd
een potje haringeitjes
een snuifje cayennepeper
enkele sprieten bieslook
peper en zout

Bereiding

ZALM 'BELLE VUE'

- Doe de visfumet in een diepe pan waar de vis in z'n geheel in past en leg de vis erin. Verwarm op een zacht vuur met het deksel op de pan. Controleer na enkele minuten of de vis gaar is en leg de zalm op een groot plat bord. Laat afkoelen.
- Week de gelatine in een beker met koud water. Knijp de gelatine uit en los het blaadje op in wat van de warme visfumet waarin de zalm gegaard werd.

VERSIERING VAN DE ZALM

- Snij twee bladeren van een stam prei en kook ze enkele minuten. Schil een tomaat zoals je een appel zou schillen. Bewaar een lang stuk van de schil.
- Snij twee dunne slierten en enkele 'blaadjes' uit de preibladeren. Schik de 'bloemstelen' en de 'blaadjes' op de zalm.
- Vorm met een flinterdun rondje citroen de eerste bloem. Rol het stuk tomatenschil op tot een roosje voor de tweede bloem.
- Strijk het hele bloementafereeltje (en de rest van de zalm) met een keukenpenseel in met de fumet met gelatine. Laat het laagje gelatine opstijven.
- Serveer de zalm met een potje cocktailsaus in de buurt.

PERZIK MET TONIJNSLA

- Giet het vocht van de tonijn weg. Prak het visvlees in een mengschaal fijn met een vork.
- Schep een voorzichtige portie mayonaise bij de vis. Meng alles en voeg enkel mayonaise toe als de tonijnsalade te droog is.
- Voeg een schepje scherpe mosterd, een toefje ketchup en enkele druppels hete tabasco toe. Doe er een beetje cayennepeper bij. Knijp wat vers citroensap in de salade. Snipper ten slotte wat krulpeterselie fijn en meng dit onder de tonijnsalade.
- Meng alles en proef. Het resultaat moet sappig en tegelijk voldoende stevig zijn.
- Bedek een bord met enkele vellen keukenpapier en schik daarop de perziken met de bolle zijde naar boven. Laat even uitlekken.

OERKLASSIEK

| Draai de helften om. Vul de ijsschep met tonijnsla en deponeer deze halve bal vissla op een perzik. Ga door tot alle perziken gevuld zijn. Zet de schotel in de koelkast.

EITJES GEVULD MET EITJES

| Kook de eieren hard in water in 10 tot 11 minuten. Koel de hardgekookte eieren af in koud water.
| Verwijder de eierschaal. Zorg dat de eieren mooi heel blijven.
| Snij de eieren overlangs in tweeën met een scherp mesje.
| Doe de halve bolletjes eigeel in een mengbeker. Hou de 'bootjes' eiwit heel. Voeg een schepje mayonaise toe, samen met een toefje scherpe mosterd, wat zout, peper en een weinig cayennepeper. Mix dit alles tot een smeuïg zachtgeel mengsel.
| Snipper de bieslook in fijne stukjes en meng ze onder de vulling.
| Snij de tip van een plastic spuitzak en plaats er een gekarteld spuitmondje in. Schep het eimengsel in de spuitzak en vul er de halve eiwitten mee. Maak cirkelvormige bewegingen. Ga door tot er een elegante toef in elk 'bootje' van eiwit ligt.
| Werk elk eitje af met enkele opgelegde zalmeitjes. Zet de schaal met halve eieren koel.

HAM MET ASPERGES

| Laat de opgelegde asperges voorzichtig uitlekken.
| Snij de sneeën gekookte ham in tweeën.
| Leg een sneetje ham op je werkblad en leg enkele asperges aan de zijkant van de ham. Rol de asperges in een dekentje van gekookte ham.

AFWERKING

| Maak overlangs een zestal insneden in de schil van een citroen. Werk van de top naar het kontje, zorg ervoor dat er telkens een lijn van de witte onderste schil te zien is.
| Snij de citroen eerst overlangs en vervolgens in flinterdunne halve plakjes.
| Snij een komkommer eerst overlangs in tweeën en vervolgens in flinterdunne halve rondjes.
| Bedek de hele bodem van de schaal met krulandijvie. Schik alle hapjes erop, met de zalm in het midden. Schik ten slotte de komkommer en citroen als dakpannen rondom rond de schotel.

VOOR DE HAM MET ASPERGES
4 grote sneeën gekookte ham
1 blik of bokaal witte asperges

VOOR DE AFWERKING
1 krop krulandijvie
1 citroen (of meer)
1 komkommer

Verse visfumet?
Het recept vind je in de eerste drie boeken van *Dagelijkse Kost*.

Verse mayonaise?
Het recept vind je in de eerste drie boeken van *Dagelijkse Kost*.

EXTRA MATERIAAL
grote schotel (rond of ovaal)
decoratiemesje (eventueel)
keukenpenseel
plastic spuitzak
gekarteld spuitmondje
ijsschep

OERKLASSIEK

JULIENNESOEP MET BALLETJES

Bereidingstijd
50 minuten

Een rijkelijke groentesoep met een scheutje OXO en die mooie glazige bolletjes tapioca: vandaag zet ik de goeie ouderwetse juliennesoep van mijn oma op het menu.

Ingrediënten
(4 personen)

4 l kippenbouillon
300 g gemengd gehakt
2 dikke wortelen
5 stengels bleekselder
2 preistengels
2 dikke sjalotten
1 teentje look
1 ei
25 g paneermeel
4 eetlepels tapioca
½ busseltje kervel
enkele takjes dragon
enkele takjes krulpeterselie
een handje sprieten bieslook
een scheutje OXO (vloeibare vleesbouillon)
een klontje boter
peper

Verse kippenbouillon? Het recept vind je in de eerste drie boeken van *Dagelijkse Kost*.

Bereiding

| Verwarm de kippenbouillon op een zacht vuur.
| Pel de sjalotten en snipper ze in fijne stukjes. Pel de look en plet hem tot pulp.
| Zet een soepketel op een zacht vuur en smelt er een klontje boter in. Stoof de stukjes sjalot en de lookpulp in de boter.
| Schil de wortelen, snij de kontjes eraf en snij ze middendoor. Snij elk stuk wortel in fijne plakjes, stapel die op elkaar en snij elk stapeltje plakjes vervolgens in dunne reepjes (julienne). Laat de reepjes wortel meestoven.
| Snij de prei op dezelfde manier in flinterdunne reepjes en laat ze ook meestoven.
| Verwijder het loof van de selder. Trek in één beweging de taaiste vezels weg of schil de bolle kant van de selderstengels met een dunschiller.
| Snij stukken selder van 7 tot 8 centimeter in julienne en laat de reepjes meestoven.
| Roer in de mix van fijne groentjes en schenk er na een paar minuten de warme kippenbouillon bij.
| Schep de tapioca in de soep. Laat het groentebrouwsel 20 minuten pruttelen op een zacht vuur.
| Doe intussen het gehakt in een mengschaal en voeg een ei, wat paneermeel en een beetje peper van de molen toe. Plet alles tot een egaal mengsel.
| Rol het gehaktmengsel tot balletjes met een diameter van zo'n 2 centimeter en drop ze in de soepketel. Spoel tussendoor even de handen om vrolijk door te blijven rollen.
| Proef de soep en kruid ze met wat peper van de molen en een beetje zoute OXO.
| Snipper de kervel, dragon, bieslook en krulpeterselie zo fijn mogelijk. Roer de kruiden door de juliennesoep.
| Serveer iedereen een bord verse soep met een eerlijke portie gehaktballetjes.

KALFSTONG IN MADERASAUS

Bereidingstijd
150 minuten
(excl. voorweken tong,
incl. gaartijd)

Je houdt ervan of niet, maar malse lapjes kalfstong met een klassieke maderasaus blijven een echte classic en een feestelijk hoofdgerecht. Iets om van te smullen terwijl de beste familieanekdotes opgehaald worden.

Ingrediënten
(4 personen)

VOOR DE BOUILLON
1 kalfspoot (versneden in 3 tot 4 stukken)
4 l water
4 selderstengels
3 dikke wortelen
2 uien
2 teentjes look
12 bolletjes zwarte peper (of wat grof gemalen zwarte peper)
enkele takjes tijm
4 blaadjes laurier
2 kruidnagels

VOOR DE KALFSTONG MET SAUS
1 kalfstong
1,5 l kalfsbouillon (zie hoger)
400 g Parijse champignons
1 sjalot
½ citroen
15 cl madeira
2 volle eetlepels tomatenpuree (geconcentreerd)
60 g bloem (voor de roux)
60 g boter (voor de roux)
enkele takjes krulpeterselie
een extra klont boter
peper en zout

Voorbereiding

| Voor wie er de tijd voor heeft: leg de kalfstong in een pot met gezouten water. Zet het vlees een nachtje in de koelkast en leg de tong nadien enkele uren in water om te ontzouten.

Bereiding

BOUILLON

| Zet een grote kookpot gevuld met water op een matig vuur.
| Snij de wortelen en de selder in grove stukken. Gebruik ook het loof van de selder. Doe de groenten in de pot met water.
| Pel de uien en snij ze in grove stukken. Kneus de look en gooi de teentjes ongepeld in de pot, samen met de stukken ui.
| Doe de peperbolletjes in een vijzel en kneus ze. (Of gebruik grof gemalen zwarte peper.) Doe de peper samen met de kruidnagels, de laurierblaadjes en de takjes verse tijm in de bouillon.
| Breng de groentebouillon aan de kook. Leg vervolgens de stukken kalfspoot in de bouillon, samen met de kalfstong.
| Laat de bouillon met de kalfspoot en de tong 90 minuten sudderen.
| Schep nadien het laagje vet dat aan het oppervlak drijft weg. Zo krijg je een smaakvolle en ontvette bouillon.
| Schenk de bouillon van groenten en kalfspoot door een zeef.

KALFSTONG MET SAUS

| Maak de paddenstoelen schoon. Snij elke paddenstoel in kwartjes. Hou ze even opzij.
| Maak nu de roux voor de saus. Smelt de boter in een pot op een matig vuur. Schep de bloem bij de bruisende boter en roer. Laat het stevige mengsel kort bakken zodat de bloemsmaak verdwijnt.

OERKLASSIEK

VOOR DE AFWERKING
aardappelkroketten

EXTRA MATERIAAL
vijzel
zeef

| Schep een deel van de kalfsbouillon bij de roux en roer met de garde. Laat de saus binden. Voeg extra bouillon toe als de saus te dik is. Hou de saus warm op een zacht vuur.
| Voeg de tomatenpuree toe en roer. Proef de saus en kruid ze met wat peper van de molen en een snuifje zout.
| Schep de botermalse kalfstong uit de bouillon. Laat het vlees wat afkoelen. Werk intussen de saus af.
| Smelt een klontje boter in een braadpan. Pel intussen de sjalot en snipper ze in zo fijn mogelijke stukjes.
| Bak de kwartjes champignon goudbruin. Voeg na enkele minuten de snippers sjalot toe en kruid de paddenstoelen met peper en zout.
| Snipper enkele takjes krulpeterselie zo fijn mogelijk. Schep de gebakken champignons in de saus.
| Giet de madera in de saus, roer, proef en kruid ze met wat peper van de molen en een beetje zout. Voeg de snippers peterselie toe en wat vers citroensap.
| Neem er de afgekoelde kalfstong bij en pel het vel ervan af. Doe dat zorgvuldig. Onderaan de tong zit een stuk vet. Snij dat weg.
| Gebruik een vlijmscherp mes om de kalfstong te versnijden. Snij het botermalse vlees in dunne plakjes (ongeveer 0,5 centimeter dik).

AFWERKING

| Schep op het bord van elke tafelgast enkele lapjes kalfstong en schenk er een flinke schep saus over.

Tip: Serveer de lapjes kalfstong met aardappelkroketten.

OERKLASSIEK

CONFITUURROL

Bereidingstijd
40 minuten

Ingrediënten
(4 personen)

VOOR DE BISCUIT
75 g suiker
75 g zelfrijzende bloem
3 eieren
een snuifje zout
een klontje boter

Weeg alle ingrediënten zorgvuldig!

VOOR DE AFWERKING
een potje aardbeienconfituur
1 dl slagroom (volle room)
suiker (naar smaak)
50 g amandelschilfers

EXTRA MATERIAAL
keukenmachine met klopper
fijne zeef
rechthoekige bakplaat met lage rand
bakpapier
bakmatje
keukenpenseel

Bereiding

BISCUIT

| Doe de suiker in de mengkom van de keukenmachine. Voeg de eieren toe en laat de machine op een stevige snelheid draaien. Voeg tussendoor een snuifje zout toe. Blijf het mengsel kloppen tot het een luchtige, bleke, egale massa is.
| Zeef de bloem, zodat er geen enkel klontertje in zit.
| Giet de bloem bij het luchtige eimengsel en laat de machine nog even draaien, tot alle ingrediënten goed gemengd zijn.
| Verwarm de oven voor op 200 °C.
| Wrijf de bakplaat in met een klontje boter. Leg erbovenop een groot vel bakpapier. (Het papier moet ook de randen bedekken.) De boter doet het papier aan de bakplaat kleven.
| Strijk het papier zo glad mogelijk. Roer nog even door het beslag en schep het op de bakplaat. Kantel de plaat tot het beslag zich verspreid heeft over de hele oppervlakte.
| Bak het beslag in 7 tot 10 minuten tot een biscuit in de hete oven (afhankelijk van je oven). Haal het biscuit uit de oven zodra het een licht goudbruin kleurtje krijgt.
| Schenk de slagroom in een mengkom en voeg wat suiker toe naar persoonlijke smaak. Klop de room luchtig en stevig.
| Neem het vel bakpapier met het gebak uit de ovenschaal en draai het gebak om op een bakmatje. Verwijder zeer voorzichtig het vel bakpapier. Laat de oven aanstaan.

AFWERKING

| Strooi amandelschilfers in de bakplaat en strooi er een dun laagje suiker over. Rooster de amandelen goudbruin in de hete oven. Neem regelmatig een kijkje. Zet de schilfers opzij.
| Bestrijk drie vierde van het gebak met een laagje van de aardbeienconfituur.
| Spatel een dun laagje slagroom op de confituur.
| Rol de cake voorzichtig op. Begin bij de (korte) zijde waarop confituur en slagroom zit. Een deel van de room druk je tijdens het rollen naar voren, waardoor je rol krijgt goed vastplakt.
| Leg de rol gebak op de 'naad'. Bestrijk met een penseel het oppervlak van de rol met een laagje aardbeienconfituur.
| Rol het gebak door de geroosterde amandelen tot er een egaal laagje nootjes aan vastplakt. Snij de twee buitenste plakjes cake weg met een vlijmscherp mes. (Druk niet te hard op het mes.) Serveer de cake in dikke plakken, met een kopje troost of thee.

KNOLSELDERSOEP MET WITBIER

Bereidingstijd
60 minuten

Dit is een hartverwarmende herfstsoep, maar dan wel mediterraan afgewerkt. Om een fluweelzachte bleke soep te krijgen, gaan er geen gekleurde groenten in.

Ingrediënten
(4 personen)

2,5 l kippenbouillon
1 knolselder
3 dikke uien
1 teentje look
8 dunne sneetjes pancetta
150 cheddar (blok)
5 dl witbier (naar keuze)
1 dl room
een scheut olijfolie
1 bouquet garni van laurier, tijm, peterseliestelen
enkele extra takjes tijm
een snuifje nootmuskaat
peper en zout

Verse kippenbouillon?
Het recept vind je in de eerste drie boeken van *Dagelijkse Kost*.

EXTRA MATERIAAL
staafmixer
bakpapier of bakmatje
kaasrasp

Bereiding

| Verhit een scheut olijfolie in een soepketel op een matig vuur.
| Pel de uien en snij ze in grove stukken. Pel en versnipper de teen look. Stoof beide in de olijfolie. Roer regelmatig. Zorg ervoor dat de uien niet kleuren.
| Snij het loof van de knolselder. Schil de groente en snij ze in dobbelstenen. Doe ze bij de stovende uien en laat de groenten nog 10 minuten zacht stoven.
| Bind de laurier, tijmtakjes en peterseliestelen met een keukentouw samen tot een kruidentuil en doe deze in de soepketel. Hou nog een beetje verse tijm aan de kant om de soep later te garneren.
| Schenk het witbier erbij en breng de soep even aan de kook. Zo verdwijnt de alcohol uit het bier.

Tip: Je kan een variant op deze soep bereiden door het witbier weg te laten en de knolselder te garen in melk.

| Giet de kippenbouillon in de pot. Zet het deksel op de pot en laat de soep 20 minuten prutselen op een zacht vuur.
| Leg het bakpapier op de ovenplaat en schik de sneetjes pancetta erop. Schuif ze een kwartier onder de grill tot ze knapperig zijn. Laat ze uitlekken op een vel keukenpapier.
| Rasp de cheddar in een schaaltje. Hak de tijmblaadjes fijn.
| Verwijder het bouquet garni uit de ketel. Mix de soep glad en schenk er tussendoor de room bij. Blijf mixen tot je een fluweelzachte en vrij dikke knolseldersoep hebt.

Tip: Wie voor een feestelijk resultaat gaat, kan de soep zeven.

| Proef de soep en kruid ze met peper, een snuif zout en versgeraspte nootmuskaat.
| Doe het grootste deel van de gemalen cheddar in de soep. Mix opnieuw tot de kaas helemaal is weggesmolten.
| Serveer de soep in diepe borden. Leg boven op elke portie een sneetje pancetta. Werk de borden af met geraspte cheddar en verse tijm. Druppel ten slotte nog wat olijfolie in de soep.

PENNE MET KERSTOMAAT, RICOTTA EN RUCOLAPESTO

Bereidingstijd
50 minuten

Er komt geen vlees of vis te pas aan deze Italiaanse fastfoodschotel. Er kan niks misgaan, en in weinig tijd staat er een pot romige penne te dampen.

Ingrediënten
(4 personen)

VOOR DE PESTO
60 g pijnboompitjes
80 g Parmezaanse kaas (blok)
40 g rucola
20 g verse basilicum
20 g platte peterselie
1 teentje look
1 dl olijfolie (of meer)
½ citroen
peper en zout

VOOR DE PENNE MET SAUS
500 g penne rigate
800 g kerstomaten (blik)
150 g verse kerstomaten
5 dl passata (tomatenpulp)
2 grote sjalotten
2 teentjes look
1 chilipeper (naar smaak)
4 eetlepels ricotta
een stuk Parmezaanse kaas (blok)
1 bouquet garni van tijm, basilicum, peterselie en laurier
een scheutje olijfolie

EXTRA MATERIAAL
blender

Bereiding

PESTO

- Pel de look en doe het teentje in de beker van je blender.
- Voeg de rucola toe. (Hou wat opzij voor de afwerking.)
- Voeg de pijnboompitten toe en een flinke scheut olijfolie. Mix alles tot een gladde saus.
- Voeg wat platte peterselie toe en evenveel basilicum.
- Pers een beetje citroensap in het mengsel.
- Snij een flinke portie Parmezaanse kaas in blokjes en doe ze in de blender.
- Mix de saus opnieuw tot je een gladde rucolapesto krijgt.
- Proef en werk af met peper en zout.

PENNE MET SAUS

- Breng veel water aan de kook in een pot om de pasta te garen.
- Pel en halveer de sjalotten. Snij ze vervolgens in grove snippers.
- Verhit een scheutje olijfolie in een ruime stoofpot. Stoof er de stukjes sjalot in.
- Pel de teentjes look en plet ze tot pulp. Laat de pulp meestoven.
- Hak de chilipeper in piepkleine stukjes. (Verwijder de zaadjes als je niet van pikant houdt.) Stoof de rode puntjes even mee.
- Voeg na enkele minuten de kerstomaten uit blik en passata toe.
- Bind peterselie, basilicum, tijm en laurier met een keukentouw samen tot een bouquet garni. Doe de kruidentuil in de saus.
- Laat de saus 20 minuten pruttelen zonder deksel.
- Voeg de verse kerstomaatjes toe en laat ze meestoven.
- Kook de penne gaar, met een flinke snuif zout in het water. Gaar de pasta een minuut minder dan op de verpakking staat.
- Giet de pasta af en schep meteen een lepel kookvocht in de saus.
- Voeg de uitgelekte penne en een portie romige ricotta toe. Roer de saus voorzichtig, zodat de kerstomaten heel blijven. Haal het bouquet garni uit de saus.
- Proef en kruid de tomatensaus met een beetje peper en zout.
- Stort de pastaschotel uit in een grote serveerschaal. Strooi er verse rucola over. Eindig met enkele schepjes van de pesto.

TABOULEH MET LAMSGEHAKT EN KRUIDEN

Bereidingstijd
30 minuten

Dankzij inspiratie uit de Noord-Afrikaanse keuken krijgt dit couscousgerecht met lamsgehakt een exotische smaak. In geen tijd staat deze tabouleh op tafel en bovendien smaakt hij ook afgekoeld heerlijk.

Ingrediënten
(4 personen)

VOOR DE VLEES-BEREIDING
500 g lamsgehakt
1 ui
1 rode chilipeper
een flinke snuif komijnpoeder
een scheutje olijfolie
een snuifje zout

VOOR DE TABOULEH
6 dl groentebouillon
300 g couscous
4 tomaten
4 lente-uitjes
½ bussel platte peterselie
enkele takjes munt
½ citroen
een scheutje olijfolie
peper en zout

Verse groentebouillon? Het recept vind je in de eerste drie boeken van *Dagelijkse kost*.

EXTRA MATERIAAL
blender of hakmolen

Bereiding

VLEESBEREIDING

| Breng een pot water aan de kook om straks de tomaten gemakkelijk te ontvellen.
| Snij de chilipeper overlangs door en snij de halve pepers in grove stukken. Snij de ui grof.
| Doe de chilipeper en ui in de blender. Voeg een flinke snuif komijnpoeder toe (naar smaak) en maal alles fijn.
| Verhit een scheut olijfolie in een braadpan op een matig vuur.
| Schep de gemalen ui met chilipeper en komijn in de hete olie en stoof het mengsel heel kort. Doe vervolgens het lamsgehakt in de pan en verkruimel het vlees met behulp van een vork.
| Laat het gehakt zacht stoven en voeg tussendoor een snuif zout toe. Roer regelmatig in de pan tot het kruidige vlees gaar is.

TABOULEH

| Verwarm de bouillon. Giet de couscous in een grote schaal en schenk er de hete bouillon over.
| Snij een kruisje in de top van elke tomaat. Dompel ze 12 tot 15 tellen onder in het kokende water en spoel ze onder koud stromend water. Verwijder het flinterdunne vel met een scherp mesje en snij ze in kwartjes. Snij de tomatenpitjes weg en verdeel het vruchtvlees in kleine blokjes van 0,5 centimeter breed.
| Hak de peterselie- en muntblaadjes in fijne snippers.
| Snij het wortelstukje van de lente-uitjes en verwijder het buitenste blad. Snij ze haaks in zeer fijne ringen. Gebruik ook een deel van het groene loof.
| Doe de lente-ui, peterselie en munt bij de gewelde couscous. Schep er het gehakt bij en meng de tabouleh met een vork.
| Proef het mengsel en schenk er een extra scheut olijfolie over. Kruid de tabouleh naar smaak met zout en (indien nodig) peper.
| Pers het verse citroensap erbij, meng en schep het gerecht in een serveerschaal. Strooi er de blokjes tomaat overheen.

SOEP VAN GEROOSTERDE POMPOEN

Bereidingstijd
70 minuten

Je hoeft geen Halloween te vieren om pompoensoep te kunnen maken. Een stevige kop dampende pompoensoep doet altijd deugd, zeker als je de zachte smaak een beetje pit geeft. Daarom rooster ik de stukken pompoen vooraf. Gebakken pompoenpitten geven de soep bovendien een beetje extra 'beet'.

Ingrediënten
(4 personen)

- 3 l kippenbouillon (of groentebouillon)
- 1 (kleine) pompoen
- 3 dikke uien
- 3 teentjes look
- 3 takjes salie
- 2 takjes rozemarijn
- 40 g gedroogde pompoenpitten
- een snuifje garam masala (oosterse kruidenmengeling, naar smaak)
- een koffielepel sambal (naar smaak)
- een beetje pompoenpitolie (eventueel)
- een klontje boter
- peper en zout

Verse bouillon?
Het recept vind je in de eerste drie boeken van *Dagelijkse kost*.

EXTRA MATERIAAL
staafmixer

Bereiding

- Verwarm de oven voor op 180 °C.
- Snij de pompoen in kleine parten met een groot, scherp koksmes.
- Verwijder met een lepel de pompoenpitten uit elk stuk vrucht.
- Schil de parten pompoen en verdeel ze over een ovenschaal.
- Pel de uien en snij elke ui in vier parten. Leg de stukken ui tussen de pompoen.
- Kneus de tenen knoflook en pel ze. Leg de look tussen de stukken pompoen.
- Verdeel de rozemarijntakjes en de salie over de groenten. Strooi er grof zout, peper van de molen en een snuif garam masala over.
- Rooster de pompoenen met ui, look en kruiden ongeveer 30 minuten in de hete oven.
- Doe de geroosterde pompoen met ui in een ruime soepketel. Schenk er het grootste deel van de bouillon bij en laat de soep zo'n 10 tot 15 minuten stoven op een matig vuur.
- Smelt een klontje boter in een pan en rooster de pompoenpitten op een matig vuur. Laat ze enkele minuten knisperen en ploffen in de hete boter. Schud ze regelmatig op. Laat de pitjes uitlekken op een vel keukenpapier.
- Mix de soep glad met een staafmixer. Controleer of de soep niet te dik is. Zo ja, voeg dan wat extra bouillon toe.
- Proef en kruid de soep naar smaak met peper en zout. Voeg een lepeltje sambal toe voor een licht pikante toets.
- Serveer de fluweelzachte soep in een bord of een kop. Druppel wat pompoenpitolie in elk bord en strooi er de gebakken pompoenpitten over.

ZWEEDSE BALLETJES

Bereidingstijd
70 minuten

Een meubelgigant heeft deze balletjes populair gemaakt in de Lage Landen. Deze handleiding is dan ook bijzonder eenvoudig.

Ingrediënten
(40 à 45 gehaktballetjes)

VOOR DE ZWEEDSE BALLETJES
1,5 l groente- of vleesbouillon
500 g gemengd gehakt
2 sjalotten
1 ei
50 g paneermeel
1 theelepel gemalen allspice berry (uit Jamaica, kan vervangen worden door een mengsel van onder meer kruidnagel, kaneelpoeder, nootmuskaat)
enkele klontjes boter
peper en zout

Verse bouillon?
Het recept vind je in de eerste drie boeken van *Dagelijkse kost*.

VOOR DE WARME SAUS
1,5 dl room
een flinke scheut cognac
peper en zout

Bereiding

KOUDE BESSENSAUS

| Giet de diepgevroren veenbessen in een schaaltje en strooi er de suiker over. Laat de besjes ontdooien.

ZWEEDSE BALLETJES

| Doe het gehakt in een mengschaal.
| Pel de sjalotten en snipper ze zeer fijn.
| Verhit een klontje boter in een braadpan op een matig vuur. Stoof er de sjalot in. Schep de glazige stukjes bij het gehakt.
| Maal de allspice berry in een koffiemolen zo fijn mogelijk. Strooi het kruidige poeder bij het gehakt.
| Voeg het ei toe. Meng alle ingrediënten met schone handen. Voeg tussendoor wat paneermeel toe en kneed alles tot een stevige maar malse bol.
| Kruid het gehakt (indien nodig) met peper en zout.
| Breng de bouillon aan de kook.
| Rol balletjes met een diameter van 2 tot 3 centimeter.
| Drop de balletjes in de hete bouillon en laat ze garen in 4 tot 5 minuten. (Zodra ze bovendrijven, zijn ze gaar.)
| Smelt een klontje boter in een braadpan op een stevig vuur. Schep de balletjes uit de bouillon en bak ze in 3 minuten goudbruin in de pan. Roer af en toe.
| Schep de balletjes uit de pan.

WARME SAUS

| Giet een flinke scheut cognac in de pan waar je net de balletjes uitgeschept hebt en zet er de vlam in.
| Roer de aanbaksels los en schenk er de room bij. Kruid de saus met peper van de molen en roer.

VLEES

VOOR DE AARDAPPELPUREE
800 g aardappelen (loskokend)
40 g boter
1 ei
een scheutje melk
een snuif zout

VOOR DE KOUDE BESSENSAUS
300 g veenbessen (diepgevroren)
70 g suiker

EXTRA MATERIAAL
passe-vite (roerzeef)
koffiemolen

AARDAPPELPUREE

| Schil de aardappelen en kook ze gaar in gezouten water. Giet ze af en laat ze nog even uitlekken.
| Draai de aardappelen door de passe-vite.
| Doe de puree in een kookpot, op een matig vuur. Voeg de boter en een ei toe, wat melk en een beetje zout.

AFWERKING

| Roer in de pot met ontdooide veenbessen tot de suiker helemaal is opgelost.
| Verwarm de balletjes nog even in de pan met cognacsaus.
| Serveer elke fan van de Zweedse keuken een portie balletjes met roomsaus. Schep er puree bij en wat veenbessensaus.

KRABSALADE MET MANGO, DAIKON EN WASABIMAYONAISE

Bereidingstijd
30 minuten

Het vlees van de krab krijgt in deze lichte lunch gezelschap van knapperige kropsla, verse mango en daikon, een Japans familielid van onze radijs. Uiteraard smaakt de krabsalade ook heerlijk op een verse boterham.

Ingrediënten
(4 personen)

400 g krab (van de vishandel of uit blik)
1 kropsla
⅓ daikon (grote witte radijs)
½ mango
½ rode chilipeper
1 limoen
4 eetlepels mayonaise
een toefje wasabi (groene Japanse mosterd, naar smaak)
2 eetlepels sojasaus
enkele druppels sesamolie
peper
grof zout
ijsblokjes (eventueel)

Verse mayonaise?
Het recept vind je in de eerste drie boeken van *Dagelijkse kost*.

EXTRA MATERIAAL
fijne rasp
mandoline of Chinese mandoline

Bereiding

| Meng de mayonaise, sojasaus en scherpe wasabi met een kleine garde in een schaal.
| Rasp de dunne groene schil van een limoen in het sausje. Snij vervolgens de vrucht open en pers er het sap bij.

Tip: Maak met een mesje enkele insnijdingen in het vruchtvlees van de limoen. Zo pers je er met minder moeite meer sap uit.

| Meng en proef. Voeg gerust wat extra ingrediënten toe tot alle smaken in balans zijn.
| Doe het vlees van de krab in een mengschaal. Schep er een portie van de wasabimayonaise bij. Prak het vlees met een vork en meng. Voeg extra mayonaise toe indien nodig.
| Zet de krabsla koel.
| Schil de daikon met een dunschiller en snij de groente in flinterdunne (lange) plakjes met een (Chinese) mandoline. Stapel de plakjes op elkaar en snij ze in flinterdunne sliertjes (julienne). Leg de sliertjes in een kom met ijswater, zodat ze vrolijk opkrullen.
| Snij de mango middendoor. Schil de vrucht en snij ze net als de daikon in flinterdunne sliertjes. Zet de portie fruitreepjes opzij.
| Snij de chilipeper overlangs en verwijder de zaadjes. Snij het deel dat je gebruikt in piepkleine stukjes. Hak de stukjes nog eens extra, zodat je in geen geval te grote stukken chilipeper in de krabsla vindt.
| Spoel de bladeren van de kropsla en laat ze uitlekken.
| Bedek de bodem van elk bord met knapperige blaadjes kropsla. Strooi een beetje peper van de molen en grof zout over de sla. Druppel er voorzichtig wat sesamolie over.
| Lepel een portie krabsalade op de sla en strooi er frisse reepjes daikon en mango over. Werk het bordje af met enkele 'spatten' felrode chilipeper.

RIJSTTAARTJES

Bereidingstijd
65 minuten (incl. baktijd)

Tijdens de koers leefde wielerlegende Briek Schotte op boterhammen met kaas en hesp, kippenbillen en rijsttaartjes. Die gebakjes zijn de eenvoud zelve en blijven generatie na generatie populair. Hoog tijd dus om de geur van vers gebak nog eens in huis te halen ...

Ingrediënten
(4 personen)

VOOR DE TAARTBODEMS
1 vel bladerdeeg
    (kant-en-klaar)
een klontje boter
een beetje bloem

VOOR DE VULLING
65 g dessertrijst
400 g melk
    (om de rijst te koken)
100 g melk
    (om het puddingpoeder
    in op te lossen)
90 g suiker
22 g poeder voor
    vanillepudding
1 ei
1 vanillestok

EXTRA MATERIAAL
keukenpenseel
4 taartvormpjes (diameter
    ong. 12 centimeter)

Bereiding

| Doe de dessertrijst en de melk in een kookpot en breng de rijst op een matig vuur aan de kook.
| Snij een vanillestok overlangs in tweeën. Schraap er met een mespunt de zaadjes uit en doe ze in de melk met rijst. Laat de vanillepeul meekoken voor extra smaak.
| Zet het vuur lager zodra het mengsel richting het kookpunt gaat. Laat de pot bubbelen tot de rijst drie vierde van de melk heeft geabsorbeerd. Roer regelmatig in de pot, zodat de rijst niet aan de bodem plakt en het risico op aanbranden vermindert.
| Smeer de taartvormpjes met een keukenpenseel in met een beetje boter. Bepoeder de vormpjes met een laagje bloem. Verwijder de overtollige bloem.
| Strooi een beetje bloem op je werkblad en rol het vel bladerdeeg uit. Snij er rondjes uit die iets groter zijn dan het oppervlak van de vormpjes. Bedek de bodem en de randen van elk vormpje met een laagje bladerdeeg. Druk op de randen van de vormpjes om overtollig deeg te verwijderen.
| Los intussen het puddingpoeder op in de tweede hoeveelheid melk.
| Strooi de suiker in de gare dessertrijst en schenk er het mengsel van melk en puddingpoeder bij.
| Zet de pan op een zacht vuur. Blijf roeren terwijl de vanillepap bindt. Verwijder daarna de peulen van de vanillestok en laat de rijstpap wat afkoelen.
| Verwarm de oven voor op 175 °C.
| Scheid het ei. Roer het eigeel door de lauwe vanillepap. Het eiwit klop je op tot een stevig schuim.
| Spatel het eiwitschuim onder de rijstpap.
| Vul de taartvormpjes tot aan de rand met rijstpap.
| Plaats ze op een ovenplaat en bak de taartjes 20 tot 25 minuten in de voorverwarmde oven.
| Laat het gebak afkoelen en haal de rijsttaartjes uit hun vormpjes.

PAPPARDELLE MET GEGRILDE KIP EN CHORIZO

Bereidingstijd
60 minuten

Ingrediënten
(4 personen)

- 500 g pappardelle (lintpasta)
- 4 kipfilets
- 200 g chorizo (stuk)
- 800 g tomatenstukjes (blik)
- 80 g tomatenpuree (geconcentreerd)
- 1 dikke ui
- 4 lente-uitjes
- 2 teentjes look
- enkele takjes basilicum
- 1 busseltje rucola
- 1 bol mozzarella
- 100 g Parmezaanse kaas (stuk)
- 1 dl rode wijn
- 1 theelepel harissa (Tunesische kruidenpasta, naar smaak)
- 1 theelepel suiker (eventueel)
- een snuif gedroogde tijm
- een snuif gedroogde oregano
- een scheut olijfolie
- peper en zout

EXTRA MATERIAAL
- grillpan
- kaasrasp

Bereiding

GEGRILDE KIP

- Verhit de grillpan 10 minuten op voorhand op een stevig vuur.
- Snij de kipfilets in de lengte door, zodat je uit elke filet twee kippenlapjes haalt. Kruid ze met peper en zout.
- Leg de lapjes in de pan en draai ze na 2 minuten om. Haal het vlees uit de pan zodra er een grillpatroon in gebrand staat.

SAUS

- Verhit een scheut olijfolie in een ruime pot op een matig vuur.
- Pel de ui en de look. Snipper de ui fijn en plet de looktenen tot pulp. Stoof de stukjes ui en voeg kort daarna de lookpulp toe.
- Verwijder het vel van de chorizo en snij de Spaanse worst in kubusjes van 0,5 tot 1 centimeter breed.
- Doe de chorizo in de pot met ui. Laat de worst voldoende lang bakken, zodat de blokjes een beetje krokant worden.
- Voeg naar eigen smaak een toefje harissa toe. Schep er de geconcentreerde tomatenpuree bij en roer.
- Wacht een minuut en schenk er dan de rode wijn bij. Roer en voeg de tijm en oregano toe.
- Giet de tomatenstukjes erbij, eventueel met een extra scheutje water. Roer en proef. Voeg naar smaak een lepeltje suiker toe om de zurige tomatensmaak te breken.
- Snij de lapjes gegrilde kip in brede repen en doe ze in de saus. Laat ze 10 minuten pruttelen op een zacht vuur.

PASTA

- Breng een ruime hoeveelheid water met wat zout aan de kook.
- Kook de pappardelle beetgaar volgens de instructies op de verpakking, maar reduceer de kooktijd met 1 minuut.
- Verwijder de wortelstukjes en het buitenste blad van de lente-uitjes. Snij de uitjes in dunne ringen.
- Spoel de rucola en laat de blaadjes sla uitlekken. Pluk de blaadjes van de basilicum.
- Snij de mozzarella in dobbelstenen. Rasp de Parmezaanse kaas.
- Giet de gare lintpasta af. Bewaar een beetje van het kookvocht.
- Meng de pappardelle met de saus en schep er een paar lepels van het kookvocht van de pasta bij. Roer voorzichtig.
- Strooi de mozzarella, basilicum, lente-ui en rucola in de pot en meng alles. Serveer met versgeraspte Parmezaanse kaas.

SALADE MET GEMARINEERDE ZALM EN MILDE CURRYSAUS

Bereidingstijd
50 minuten
(excl. minimum 4 uur droog marineren)

Ik haalde de spreekwoordelijke mosterd voor dit voorgerechtje bij de Scandinavische zalmklassieker 'gravad lax'. Ik marineer de visfilet in een droge mengeling van zout, suiker, peper en een klein beetje cognac.

Ingrediënten
(4 personen)

VOOR DE GEMARINEERDE ZALM
400 g zalmfilet (zonder visvel)
1 roze pompelmoes
2 eetlepels suiker
1 eetlepel grof zeezout
1 eetlepel witte peperbolletjes
een scheutje cognac

VOOR DE SALADE
½ venkel
100 g jonge spinazie
3 lente-uitjes
1 bakje tuinkers
een scheutje fijne olijfolie
peper en zout
1 kg ijsblokjes (eventueel)

VOOR HET CURRYSAUSJE
2 eetlepels mayonaise
1 limoen
een snuif mild currypoeder
een snuifje kurkumapoeder (geelwortel)
een scheutje sesamolie

Verse mayonaise?
Het recept vind je in de eerste drie boeken van *Dagelijkse kost*.

Bereiding

VOORBEREIDING

| Neem een mengschaal en schep er het grof zout en de suiker in.
| Kneus de witte peperbollen in een vijzel (of kies voor grof gemalen witte peper) en strooi ze bij de suiker en het zout.
| Gebruik een fijne rasp om de (gekleurde) buitenste schil van de roze pompelmoes weg te schrapen. Meng de fijne stukjes aromatische schil onder het zoutmengsel.
| Schenk een klein scheutje cognac bij het droge mengsel en roer.
| Snij met een vlijmscherp mes de zalmfilet in dobbelstenen van ongeveer 1,5 tot 2 centimeter breed.
| Meng de blokjes verse zalm doorheen de marinade. Leg een beetje gewicht bovenop de schaal en plaats ze minstens 4 uur in de koelkast. (Mag ook een flink stuk langer.)
| Spoel nadien je snijplank schoon.

FRISSE SALADE

| Vul een ruime slakom met ijsblokjes en wat koud water.
| Snij het loof en het wortelstukje van de venkel weg en snij de groente overlangs in tweeën. Gebruik een (Chinese) mandoline om de groente in flinterdunne schijfjes te snijden.
| Doe de schijfjes venkel in het ijswater, waardoor ze opkrullen.
| Snij het bleke en lichtgroene deel van de lente-uitjes in flinterdunne ringen.
| Snij het donkerste loof van de lente-uitjes in lange millimeterdunne sliertjes.
| Doe de fijne ringen en slierten lente-ui in het ijswater.
| Spoel de jonge spinazie in ruim water. Doe dat met de nodige voorzichtigheid. Voeg de tuinkers toe en laat al het groen uitlekken.
| Geef ook de spinazie en de tuinkers een Siberisch bad.

| Snij het vruchtvlees van de roze pompelmoes in partjes. Gebruik een scherp keukenmesje om de pompelmoes 'a vif' te snijden. Vang tijdens het snijden ook het sap van de pompelmoes op. Snij de boven- en onderkant van de pompelmoes. Zet de vrucht rechtop en snij van boven naar beneden repen van de schil door je mes net achter de schil te zetten en voorzichtig naar beneden te snijden, waarbij je de ronde vorm van de vrucht volgt. Snij de laatste restjes van het witte vliesje weg. De partjes van de vrucht kan je nu makkelijk loswrikken met je mes.

MILDE CURRYSAUS

| Doe het pompelmoessap in een schaaltje en voeg wat vers limoensap toe. Meng er de mayonaise doorheen.
| Kruid het sausje met een snuif mild currypoeder, een beetje kurkumapoeder en enkele druppels sesamolie.
| Roer alles tot een fris en kruidig sausje.

AFWERKING

| Strooi de sesamzaadjes in een kleine pan op een stevig vuur.
| Laat de zaadjes 2 minuten knisperen in de pan. Schud de sesam tussendoor regelmatig op. Giet de zaadjes in een diep bord.
| Haal de gemarineerde dobbelsteentjes zalm uit de koelkast. Vis de zalm uit de droge marinade en veeg ze schoon met keukenpapier, zodat er geen korrels grof zout aan kleven.
| Paneer de blokjes zalm in de mix van geroosterde sesamzaadjes. Zorg dat er aan elke kant een laagje sesam aan de vis kleeft.
| Laat vlak voor het serveren porties van de ijsgekoelde venkel, lente-ui, spinazie en tuinkers uitlekken.
| Doe de fijne groentjes in een mengschaal en druppel er een klein beetje fijne olijfolie over. Kruid het slaatje met wat peper van de molen en zout. Meng het slaatje voorzichtig.
| Leg in elk diep bord een toef van de gemengde sla, schik er enkele partjes pompelmoes en blokjes gemarineerde zalm op. Werk ieder bord af met een lepel van de milde currysaus.

VOOR DE AFWERKING
3 eetlepels zwarte sesamzaadjes
3 eetlepels witte sesamzaadjes

EXTRA MATERIAAL
vijzel
fijne rasp
mandoline of Chinese mandoline

SALADE

EEN GEMAKKELIJKE KERSTBÛCHE

Bereidingstijd
90 minuten
(excl. ontdooien,
afkoelen en opstijven)

Ingrediënten
(4 personen)

VOOR DE BISCUIT
3 eieren
75 g suiker
75 g bloem
2 eetlepels cacaopoeder

VOOR DE VRUCHTEN-VULLING
250 g rode vruchten (diepgevroren)
een scheut crème de framboise
40 g suiker

VOOR DE CHOCOLADE-VULLING
5 dl volle room
100 g donkere chocolade

Weeg de ingrediënten zorgvuldig af!

VOOR DE VERSIERING
wat extra chocolade
suikerpasta (fondantsuiker)
suikerfiguurtjes of glanzende parels
enkele meringues

Een Vlaams kerstdiner kan niet zonder een goeie oude kerststronk. Fun om te doen, en bij het versieren gaan alle remmen los. Ho-Ho-Ho-lekker!

Bereiding

VOORBEREIDING

- Laat het rood fruit ontdooien in een zeef. Vang het vruchtensap op, dit zal je later nodig hebben.
- Breng de room in een pannetje tot tegen het kookpunt op een zacht vuur. Breek de chocolade in stukjes en los ze op in de room. Roer met een garde.
- Laat het mengsel afkoelen tot kamertemperatuur. Zet het daarna in de koelkast.
- Klop het koude chocolademengsel op tot een luchtige mousse.

BISCUIT

- Breek de eieren in de kom van de keukenmachine. Giet de suiker erbij en laat de machine een paar minuten draaien tot een schuimige en egale massa.
- Schud de bloem door een zeef en giet hem bij het eimengsel. Voeg het cacaopoeder toe.
- Laat de machine draaien tot je een egaal beslag krijgt. Roer er nog even in met een pannenlikker.
- Verwarm de oven voor op 210 °C.
- Bedek de ovenschaal met bakpapier. Bedek ook de lage opstaande randen van de schaal. Strijk het papier goed vlak.
- Verdeel het beslag met een spatel gelijkmatig. Zet de schaal 7 tot 8 minuten in de hete oven.
- Haal de biscuit met bakpapier uit de ovenschaal.
- Verwijder het bakpapier en laat afkoelen.

BÛCHE

- Schep de suiker in een pannetje en giet er het sap van het rode fruit bij. Breng het mengsel zachtjes aan de kook tot je een suikersiroop krijgt. Schenk er een scheut crème de framboise bij en roer. Laat de siroop afkoelen.

EXTRA MATERIAAL
vlakke rechthoekige ovenschaal
bakpapier
keukenmachine met klopper
keukenpenseel
(plastic) spuitzak
gekartelde lijmspatel
uitsteekvormpjes

| Leg het biscuit op je werkblad met de kortste zijde naar je toe.
| Strijk met een keukenpenseel een laag van de fruitsiroop over het biscuit. Spatel daar een laagje van de chocolademousse op. Laat een deel van de bovenste kant van het biscuit – de kant die het verst van je verwijderd is – vrij. Verdeel een portie rood fruit over de mousse.
| Rol het gebak voorzichtig op tot een strakke stronk. (Rol de biscuit van je weg.)
| Strijk het hele oppervlak van de stronk in met een laag van de overgebleven chocolademousse.
| Trek met een lijmspatel houtnerven in de stronk. (Dit kan ook met een houten vork met brede tanden.) Strijk voorzichtig van het ene uiteinde van de stronk naar het andere.

VERSIERING

| Smelt de chocolade au bain-marie.
| Houtnerven in chocolade: vul een (plastic) spuitzak met gesmolten chocolade. Knip een tipje van de zak en spuit dunne nerven van chocolade over de stronk.
| Decoratieve takjes van chocolade: vul een schaaltje met cacaopoeder en spuit enkele takjes en twijgjes op het poeder. Laat de decoraties opstijven in de koelkast.
| Letters van suikerpasta: rol met een deegrol een vel gekleurde suikerpasta uit. Steek of snij figuurtjes, letters ... uit.
| Sneeuw: verkruimel enkele meringues en strooi over de stronk.
| Versier de stronk naar hartenlust met decoratie voor gebak.

OESTERS, WARM EN KOUD

Bereidingstijd
40 minuten

Oesters zijn en blijven smakelijke zeediertjes met een feestelijke uitstraling. Als je dan ook nog eens kan kiezen tussen oesters 'natuur', oesters met een pittige oosterse vinaigrette en gebakken oesters, dan is het feest met deze smakelijke schelpen compleet.

Ingrediënten
(4 personen)

12 oesters (bv. type Creuse, holle oester nr. 3)
½ citroen (eventueel)
peper (eventueel)

VOOR DE OOSTERSE VINAIGRETTE
20 g gember (stukje knol)
1 lente-uitje
½ rode chilipeper
¼ teentje look
½ citroen
enkele sprieten bieslook
een flinke scheut sojasaus
een flinke scheut mirin (Japanse kookwijn)
een scheut olijfolie, arachideolie of slaolie
een scheutje sesamolie

VOOR DE KETCHUPDIP
0,5 dl ketchup
1 kleine teen look
½ citroen
1 theelepel pasta van mierikswortel (naar smaak)
een scheutje groentesap (bv. V8)
enkele druppels Engelse saus (worcestershiresaus)

Bereiding

OOSTERSE VINAIGRETTE

- Snipper de rode chilipeper in zo fijn mogelijke puntjes en de lente-ui in flinterdunne ringen. Snij ook de pijpjes bieslook in zo fijn mogelijke stukjes. Doe dit alles in een kommetje.
- Schil de gember en rasp het stukje knol erbij. Pel het stukje look en hak het zo fijn mogelijk. Voeg het toe.
- Schenk er een flinke scheut sojasaus en mirin bij. Druppel er een klein scheutje sesamolie bij.
- Pers het sap van de citroen in de vinaigrette. Kijk wel uit dat er geen pitten in terechtkomen.
- Roer alle ingrediënten en proef. Voeg eventueel een scheutje olie met een neutrale smaak toe.

KETCHUPDIP

- Pel een teentje look en hak het fijn. Plet het tot pulp.
- Neem een mengschaaltje en meng daarin de lookpulp, de ketchup, een beetje groentesap, een scheutje worcestershiresaus en wat vers citroensap.
- Roer en voeg een lepeltje scherpe mierikswortelpasta toe. Proef of de smaken in balans zijn.

TEMPURABESLAG

- Meng de bloem en het maiszetmeel en voeg een snuifje zout toe.
- Schenk er koud water bij en meng alles met de garde tot een dun egaal beslag.

VOOR HET TEMPURA-BESLAG
4 eetlepels bloem
1 eetlepels maiszetmeel (maizena)
een snuifje zout
1,5 dl koud water
enkele ijsblokjes

VOOR DE AFWERKING
1 kg grof zout (bv. Fleur de Sel)

EXTRA MATERIAAL
fijne rasp
oestermes
friteuse met arachideolie

OESTERSCHOTEL

- Verhit de friteuse op 180 °C.
- Vul een ruime schaal met een dikke laag grof zout.
- Neem de koude, verse oesters erbij, samen met een oestermes en keukenhanddoek. Leg een oester tussen de opgevouwen keukenhanddoek, met de vlakke schelphelft naar boven. Wrik het oestermes tussen het achterste stuk van de schelp om de oester te openen. Duw het mesheft naar onderen en creëer een soort van hefboomsysteempje. Gebruik voldoende kracht, maar blijf voorzichtig. Hef de bovenste schelphelft voorzichtig op en schraap er met een aardappelmesje het oestervlees af.
- Haal een derde van de oesters integraal uit hun schelp en leg de zeediertjes in een diep bord. Leg de lege schelphelften alvast op de schaal met grof zout.
- Spoel de afgebrokkelde stukjes schelp uit de handdoek voordat die de wasmachine ingaat.

OESTERS NATUUR

- Strooi een klein beetje versgemalen zwarte peper over de oesters en druppel er wat vers citroensap over. Of ga voor puur natuur.

OESTERS MET OOSTERSE VINAIGRETTE

- Lepel wat van de pittige vinaigrette over de rauwe oesters.

OESTERS IN TEMPURA

- Meng enkele ijsblokjes onder het tempurabeslag.
- Wentel de verse oesters door het beslag. Schep de oester met een lepel uit het beslag.
- Bak de oesters in de friteuse tot ze een krokant goudbruin jasje hebben. Reken op een bakbeurt van 1 tot 2 minuten.
- Lepel een beetje van de ketchupdip in de lege oesterschelpen.
- Laat de gebakken oesters uitlekken op wat keukenpapier en schik ze in de schelpen met de ketchupdipsaus.
- Serveer de oesters meteen.

WINTERSE SALADE MET BROKKELKAAS, DADELS & SPEK

Bereidingstijd
40 minuten

Gebakken dadels verpakt in een lapje gerookt spek en brokjes belegen kaas zorgen voor karakter in deze frisse salade. Wees er maar zeker van dat de goesting om de borden nog eens vol te scheppen groot zal zijn.

Ingrediënten
(4 personen)

VOOR DE SALADE MET DADELS EN SPEK
12 dunne sneetjes gerookt spek
12 gedroogde dadels
250 g Belgische 'brokkelkaas' of belegen kaas (1 dikke snee)
2 jonge wortelen
½ pastinaak
150 g jonge spinazie
1 radicchio (roodlof)
3 stengels bleekselder
2 pijltjes (grond)witloof
1 appel (bv. jonagold)
50 g walnoten
1 busseltje kervel
peper en zout

VOOR DE ROMIGE VINAIGRETTE
150 g zure room
½ citroen
1 dl notenolie
2 koffielepels pasta van mierikswortel (of Japanse wasabi)
peper en zout

EXTRA MATERIAAL
tandenstokers
friteuse met arachideolie

Bereiding

SALADE MET DADELS EN SPEK

- Pluk de blaadjes van de radicchio en spoel ze samen met de spinazie. Laat alles uitlekken en doe ze in je grootste slakom.
- Pluk de blaadjes van de selder los en doe ze ook in de kom. Schil met je dunschiller de taaie vezels van de selderstengels. Blijf in lange stroken doorschillen en strooi die slierten erbij.
- Schil de wortelen en de pastinaak. Snij de topjes en het steelstukje weg. Blijf opnieuw in stroken doorschillen en strooi de dunne linten wortel en pastinaak over het groen.
- Snij het steelstukje bij en verwijder de taaie kern van het witloof. Snij de groente in de lengte in grove, langwerpige stukken.
- Schil de appel. Snij de vrucht in dikke repen en doe ze erbij.

ROMIGE VINAIGRETTE

- Schep de room in een mengschaal en voeg de notenolie, het citroensap en de pasta van mierikswortel toe.
- Meng alles met de garde. Voeg eventueel een scheut koud water toe om de vinaigrette vloeibaarder te maken.
- Kruid met peper en zout.

AFWERKING

- Verhit de friteuse tot 180 °C.
- Druppel wat vinaigrette over de groenten. Meng voorzichtig.
- Ontpit de gedroogde dadels. Wikkel een dun sneetje gerookt spek rondom elke dadel, en prik er een tandenstoker doorheen.
- Bak de dadels met spek 2 minuten in de hete friteuse. Laat ze uitlekken op keukenpapier.
- Breek de kaas in hapklare brokken. Hak de walnoten grof.
- Verwijder de tandenstokers en leg de warme dadels met spek boven op de groentemengeling. Strooi er de kaas over, samen met stukjes walnoot en verse kervelpluksels. Serveer meteen.

WIJTING 'FLORENTINE' MET MOSTERDSAUS

Bereidingstijd
55 minuten (incl. baktijd)

Wanneer de term 'florentine' opduikt in de naam van een recept, dan is er gegarandeerd sprake van vis met spinazie. De twee gaan dan ook uitstekend samen.

Ingrediënten
(4 personen)

VOOR DE VIS
400 g wijting
 (filet, zonder vel)

VOOR DE SPINAZIE
500 g verse spinazie
1 teentje look
een klontje boter
peper en zout

VOOR DE AARDAPPEL-PUREE
1 kg aardappelen
 (loskokend)
een scheutje melk
een klontje boter
1 ei
zout

VOOR DE MOSTERDSAUS
30 g boter
30 g bloem
5 dl melk
75 g gemalen kaas (bv. emmentaler of gruyère)
2 eetlepels scherpe mosterd
½ citroen peper en zout

EXTRA MATERIAAL
pureestamper
ruime ovenschaal
keukenpincet (eventueel)

Bereiding

AARDAPPELPUREE

| Kook de geschilde aardappelen gaar in water met wat zout. Giet ze af en plet ze met een pureestamper.
| Voeg het ei, de boter en de melk toe. Roer en kruid de puree met een snuifje zout. Hou de puree warm.

SPINAZIE EN VIS

| Spoel de blaadjes spinazie. Verwijder de taaiste bladstelen en laat ze voldoende uitlekken. Snij de groente in grove stukken.
| Smelt de boter in een pot op een matig vuur. Stoof er de spinazie in. Pel de look en prik het teentje op een vork. Roer met deze vork door de groente en kruid ze met peper en zout.
| Na enkele minuten is de groente klaar. Doe ze in een vergiet en druk er met een vork zo veel mogelijk kookvocht uit.
| Pluk met een pincet de achtergebleven visgraten uit de filets.

MOSTERDSAUS

| Smelt de boter in een pot op een matig vuur. Strooi de bloem in de boter en roer met de garde tot je de geur van koekjes ruikt.
| Schenk de melk bij de roux en blijf roeren. Na enkele minuten zal de saus binden.
| Neem de pot van het vuur en strooi de gemalen kaas in de saus. Roer tot de kaas weggesmolten is.
| Voeg de mosterd toe, een beetje vers citroensap en roer.
| Proef de saus en kruid met peper van de molen en zout.

AFWERKING

| Verwarm de oven even voor en zet daarna de ovengrill op.
| Verdeel de puree over de bodem van een ovenschaal.
| Lepel de spinazie over de aardappelen. Schik de wijtingfilets erop.
| Eindig met de mosterdsaus. Een extra laagje kaas hoeft niet.
| Plaats de schotel 15 minuten onder de grill. (Controleer met een vork of de wijting gaar is.)

ZALM, PASTINAAKSTOEMP EN BEURRE BLANC

Bereidingstijd
60 minuten

Ingrediënten
(4 personen)

VOOR DE SAUSBASIS (REDUCTIE)
2 dl witte wijn
2 dl wittewijnazijn of ciderazijn
2 dl water
2 sjalotten
2 teentjes knoflook
2 blaadjes laurier
enkele takjes tijm
10 zwarte peperbollen

VOOR DE GEBAKKEN ZALM
600 g zalmfilet op het vel (in porties)
een klontje boter
een scheutje olijfolie
peper en zout

VOOR DE PASTINAAK-STOEMP
1 kg aardappelen (loskokend)
2 pastinaken
2 sjalotten
½ busseltje dragon
½ busseltje kervel
½ busseltje bieslook
1 ei
1 dl melk
100 g boter
enkele takjes peterselie
een extra klontje boter
zout

Bereiding

SAUSBASIS

- Giet de witte wijn, het water en de wittewijnazijn in een hoge pan.
- Pel de sjalotten en snij ze grof. Kneus de teentjes look.
- Doe de tijm, de laurier en de peperbollen in de pan. Voeg de sjalot en look toe.
- Laat het mengsel op een zacht vuur inkoken tot een derde van de oorspronkelijke hoeveelheid.

PASTINAAKSTOEMP

- Schil de aardappelen en kook ze gaar in water met wat zout.
- Schil de pastinaakwortels met een dunschiller. Snij de top en het steelstukje weg. Snij de groente in kubusjes van 1 centimeter.
- Smelt een klont boter in een ruime stoofpot, op een matig vuur. Stoof er de blokjes pastinaak in. Roer regelmatig.
- Pel de sjalotten, snij ze in grove stukken en roer ze door de pastinaak.
- Laat de blokjes pastinaak wat kleuren: de licht gekaramelliseerde groenten geven een zachte zoete smaak.
- Schenk er na zo'n 10 minuten een bodempje water bij, tot de groenten half kopje onder staan. Zet het deksel op de pot. Laat de groenten 5 minuten garen. Neem dan het deksel weg en laat de grootste hoeveelheid vocht weg koken.
- Voeg de aardappelen bij de pastinaak. Druk enkel de grootste stukken aardappel een beetje plat.
- Schenk de melk bij de stoempgroenten. Breek er een eitje in, voeg een klont boter toe en roer. Proef en voeg naar smaak wat zout toe.

SAUS 'BEURRE BLANC'

- Doe wat van de reductie samen met een klein scheutje room in een pannetje. Laat het mengsel bubbelen op een zacht vuur.
- Snij de koude boter in stukjes. Roer met een garde de boterblokjes een na een door het mengsel.
- Schenk het sap van de citroen erbij en proef. Kruid met peper en zout.

VOOR DE SAUS 'BEURRE BLANC'
4 eetlepels reductie (zie hoger)
150 g koude boter
een scheutje room
½ citroen
peper en zout

ZALM BAKKEN

| Haal de zalm een halfuur voor het bakken uit de koelkast.
| Smelt een klontje boter in een braadpan op een matig vuur. Schenk er een scheut olijfolie bij, zodat het vet niet te snel verbrandt.
| Kruid de vis met wat peper van de molen en een beetje zout.
| Leg de stukken zalmfilet op de velkant in de pan. Laat ze 7 tot 8 minuten bakken (afhankelijk van de dikte van de zalm). Draai de filets om en laat ze nog een paar minuten zacht bakken.

AFWERKING

| Snipper de dragon, bieslook, kervel en peterselie fijn. Roer kort voor het serveren de verse kruiden door de stoemp.
| Schep op elk bord een flinke lepel pastinaakstoemp. Leg er een portie versgebakken zalm op en vergeet de botersaus niet.

LASAGNE MET GEGRILDE GROENTEN

Bereidingstijd
150 minuten (incl. gaartijd in de oven)

Deze klassieke ovenschotel met pasta heeft best wat tijd nodig om te garen, maar geloof mij, het is het wachten waard. De groenten gaan vooraf even in de grillpan, wat zorgt voor extra smaak. Dit gerecht is ook geschikt voor wie vegetarisch eet.

Ingrediënten
(4 personen)

12 tot 18 lasagnevellen (kant-en-klaar)
400 g ricotta
300 g verse spinazie
150 g Parmezaanse kaas
1 bol mozzarella
een snuif Provençaalse kruiden
peper
een snuif grof zout

VOOR DE TOMATENSAUS
2 uien
2 teentjes look
1 rode chilipeper
1 dl witte wijn
400 g tomatenstukjes (blik)
500 g tomatenpulp (blik)
70 g tomatenpuree (geconcentreerd)
2 blaadjes laurier
een takje tijm
een scheutje olijfolie

VOOR DE GEGRILDE GROENTEN
250 g grote Parijse champignons
1 courgette
2 rode paprika's
1 aubergine
een scheutje olijfolie

Bereiding

TOMATENSAUS

| Pel de uien, snij ze middendoor en snipper ze in zeer fijne stukjes.
| Verhit een stoofpot op een matig vuur. Schenk er een scheut olijfolie in. Stoof de stukjes ui in de hete olie. Roer regelmatig even in de pot.
| Pel de teentjes look, snij ze in stukjes en plet ze tot pulp. Roer de pulp door de ui in de stoofpot.
| Snij de rode chilipeper overlangs in tweeën. Snipper het pepertje in de allerkleinste stukjes en laat die meestoven met de uien. (Wie niet van een pikante smaak houdt, kan minder of geen chilipeper gebruiken.)
| Voeg na 5 minuten stoven de blaadjes laurier en tijm toe. Schep de geconcentreerde tomatenpuree erbij en roer. Laat de puree kort meestoven, zodat de wrange smaak verdwijnt.
| Schenk de witte wijn erbij en laat de alcohol verdampen. Voeg na enkele minuten de tomatenpulp en tomatenstukjes toe.
| Laat de saus een kwartier pruttelen op een zacht vuur.

GEGRILDE GROENTEN

| Laat de grillpan op een stevig vuur minstens 10 minuten voorverwarmen.
| Schil de rode paprika's met een dunschiller. Verdeel de vruchten in kwarten en snij het steeltje en de bleke vliesjes aan de binnenzijde weg.
| Snij de courgette en de aubergine overlangs in repen van 0,5 centimeter breed. Veeg de paddenstoelen schoon met een beetje papier (indien nodig) en snij ze in brede schijfjes.
| Leg de groenten op een schaal en besprenkel ze met een beetje olijfolie.
| Zet de dampkap op en grill de groenten in beurten.

LASAGNE

| Spoel de blaadjes spinazie in ruim water. Verwijder de taaiste bladstelen en de nerf van de bladeren.
| Verwarm de oven voor op 180 °C.
| Rasp de Parmezaanse kaas.
| Meng de ricotta en de gemalen Parmezaanse kaas tot een stevig smeuïg mengsel in een mengkom.
| Kruid het kaasmengsel met flink wat peper van de molen.
(De kaas zorgt voor de zoute smaak.)
| Snij de bol mozzarella in dunne plakken en hou ze opzij.
| Schep een laagje tomatensaus op de bodem van een diepe ovenschaal. Schik er een vel pasta bovenop. Zorg dat het laagje lasagnevellen de hele bodem bedekt, maar vermijd dat de pastavellen elkaar overlappen.
| Strijk op de pasta een laagje van het kaasmengsel. Vervolg met een laag verse spinazieblaadjes en daarop een deel van de gegrilde groenten. Zorg ervoor dat de groenten evenredig verdeeld zijn.
| Strooi er wat Provençaalse kruiden, een beetje grof zout en wat peper van de molen over.
| Breng weer een laagje tomatensaus aan en herhaal de rest van de handelingen: lasagnevellen, kaasmengsel, spinazie, gegrilde groenten, kruiden, peper en zout.
| Als de maat van de schaal het toelaat, leg je er nog een derde reeks laagjes bovenop.
| Boven op het laatste laagje lasagnevellen komt een laagje kaasmengsel en eventueel nog een deel geroosterde groenten (zonder spinazie). Schenk er nog wat tomatensaus over.
| Werk de ovenschotel af met brokjes verse mozzarella. Verdeel ze over het hele oppervlak van de lasagne.
| Plaats de lasagne in de hete oven en laat de pasta 60 tot 80 minuten garen (afhankelijk van de dikte van je lasagne). Controleer met een prikvork of de lasagnevellen gaar en dus zacht zijn.

EXTRA MATERIAAL
kaasrasp
grillpan
diepe ovenschaal (ong. 20 bij 30 centimeter)

SALADE MET GEMARINEERDE KIP EN SESAM

Bereidingstijd
40 minuten

De kip krijgt in deze lunch dankzij de marinade een milde oosterse smaak. Bovendien verandert die aromatische marinade daarna in een lekkere saus die de kip en fijne groenten alle eer aandoet. Simpel, mager en vooral smakelijk.

Ingrediënten
(4 personen)

VOOR DE KIP MET MARINADE
4 kipfilets (1 borstfilet per persoon)
4 eetlepels honing
4 eetlepels wittewijnazijn
4 eetlepels sojasaus
een scheutje sesamolie
2 teentjes look
30 g gember (stukje knol)
een scheutje hete chilisaus (of een snuifje cayennepeper)
een scheutje arachideolie of olijfolie

VOOR DE SALADE
2 wortelen
½ Chinese kool
½ komkommer
4 lente-uitjes
enkele takjes koriander
1 eetlepel witte sesamzaadjes
1 eetlepel zwarte sesamzaadjes

EXTRA MATERIAAL
fijne rasp

Bereiding

KIP MET MARINADE

- Doe de honing, sojasaus en wittewijnazijn in een mengschaal. Voeg een scheutje sesamolie toe. Meng alles met de garde en proef of de smaken zoet, zuur en zout in balans zijn.
- Pel de look en plet hem tot pulp. Roer dat door de vinaigrette.
- Schil het stukje gember en rasp het fijn in het sausje. Eindig met een klein beetje hete chilisaus.
- Snij de kipfilets in hapklare blokjes, leg ze in de marinade en roer. Laat het mengsel 30 minuten rusten.

SALADE

- Schil de wortelen en snij ze in flinterdunne reepjes.
- Doe hetzelfde met de komkommer. Het waterige hart gebruik je niet.
- Verwijder het buitenste blad en het donkerste loof van de lente-uitjes. Snipper ze in flinterdunne ringen.
- Snipper de Chinese kool in hele dunne reepjes. Spoel ze even en laat ze uitlekken.
- Meng alles in een ruime kom. Strooi er de sesamzaadjes over.
- Pluk de blaadjes koriander en strooi ze over de salade.

AFWERKING

- Laat de gemarineerde kip in een zeef uitlekken en vang het vocht op.
- Verhit een scheut arachideolie in een braadpan op een matig vuur. Geef de kippenblokjes in enkele minuten een goudbruin korstje. Keer de stukjes kip tussendoor even om.
- Schenk er de gezeefde saus bij. Breng de marinade aan de kook en gaar de kip in de pruttelende saus. Dit is een kwestie van minuten. Controleer of de blokjes tot in de kern gaar zijn.
- Meng de kip met saus door de rauwe groenten. Serveer meteen.

WORST MET UIENPUREE EN MOSTERD

Bereidingstijd
50 minuten

Ingrediënten
(4 personen)

4 varkensworsten (bv. grof gemalen boerenworsten)
1 kg aardappelen (loskokend)
5 uien
1 teentje look
enkele takjes tijm
2 blaadjes laurier
40 g gefrituurde uitjes (type 'bicky-uitjes')
100 g boter + een klontje extra
1 dl melk
2 eieren
een scheutje natuurazijn
wat scherpe mosterd
een scheutje rode wijn (eventueel)
een beetje maiszetmeel (eventueel)
zout

EXTRA MATERIAAL
pureestamper

Bereiding

- Laat de worsten op kamertemperatuur komen.
- Schil de aardappelen en kook ze gaar in water met wat zout.
- Pel de uien en snij ze middendoor. Snij elk stuk ui in halve ringen van zo'n 0,5 centimeter breed.
- Smelt een flinke klont boter in een ruime pan op een matig vuur. Stoof de uien in de boter. Roer regelmatig in de pan. Laat de glazige uiringen 15 minuten zacht bakken. Ze mogen wat kleur krijgen. Voeg indien nodig een extra klontje boter toe.
- Pel de teen look en plet hem tot pulp. Laat de look meestoven.
- Hak de blaadjes van de tijm zo fijn mogelijk. Doe de snippers samen met de laurier bij de uien.
- Druppel wat natuurazijn over de uien en roer de aanbaksels los.
- Smelt een klontje boter in een braadpan op een matig vuur. Prik enkele gaatjes in elke worst. Overdrijf niet.
- Zet het vuur zachter en leg de worsten in de pan. Laat ze rustig bakken. Draai ze pas om na 5 tot 6 minuten. Geef de worsten eventueel nog enkele prikken met de vork. Laat ze nog zo'n 5 minuten rustig knisperen in de pan.
- Giet de aardappelen af en stamp ze tot puree.
- Pluk de laurierblaadjes weg uit de pan met gebakken uien. Schep de uien en het braadvet bij de gestampte aardappelen. Meng alles en beslis of je extra boter wilt toevoegen.
- Schenk een scheut melk en de dooiers van de eieren bij de uienpuree. Meng alles en proef.
- Kruid de puree naar smaak met wat zout. Doe er de knapperige gefrituurde uitjes bij. Meng een laatste keer.

Tip: Zin in jus bij de worst? Giet het braadvet weg en schenk wat water in de pan van de worsten. Roer de aanbaksels los en meng de jus met wat scherpe mosterd en een scheutje rode wijn. Om de saus te binden kan je wat maiszetmeel gebruiken dat werd opgelost in een scheutje water.

MACARONISCHOTEL MET DRIE KAZEN, GEHAKT EN SAVOOI

Bereidingstijd
60 minuten

Een bord macaroni gaat er altijd wel in, zeker als je er een lekkere saus bij serveert. Ik verwerk in deze schotel drie soorten kaas, wat een smeuïge en karaktervolle saus oplevert.

Ingrediënten
(4 personen)

250 g macaroni
300 g gemengd gehakt
½ savooikool
een klontje boter
een snuif gedroogde salie
een snuif gedroogde rozemarijn
een snuif gedroogde oregano
enkele takjes peterselie
een snuif zout

VOOR DE KAASSAUS
30 g boter
30 g bloem
5 dl melk
125 g ricotta
75 g belegen gouda
75 g Parmezaanse kaas
½ citroen
nootmuskaat
peper en zout

EXTRA MATERIAAL
kaasrasp

Bereiding

- Breng water met een snuif zout aan de kook.
- Smelt een klontje boter in een ruime braadpan op een matig vuur.
- Meng de salie, rozemarijn en oregano door het gehakt.
- Verdeel het gehakt over de hete pan en laat het vlees een paar minuten onaangeroerd bakken. Roer het dan pas om. Verkruimel het vlees niet te veel. Geef het een goudbruin korstje en zet het dan opzij.
- Verwijder de taaiste bladeren van de savooikool. Snij de groente in kwarten en dan in brede repen.
- Spoel de snippers kool in ruim water en laat uitlekken.
- Kook de savooi in het gezouten water in 5 tot 6 minuten. Zeef de kool uit het water en breng dat dan opnieuw aan de kook, om er de macaroni in te garen.

KAASSAUS

- Smelt de boter in een ruime kookpot en voeg de bloem toe. Roer met de garde tot je een roux krijgt.
- Schenk de melk erbij en blijf roeren. Breng de saus richting kookpunt tot je een gebonden bechamel krijgt. Zet nadien het vuur zacht.
- Rasp de gouda en de Parmezaanse kaas. Schep de ricotta en de gemalen kaas in de saus. Roer tot de kazen zijn gesmolten.
- Proef en kruid de saus met versgeraspte nootmuskaat, voldoende peper van de molen en een snuifje zout. Werk ze af met een klein scheutje citroensap. Hou de saus warm.

AFWERKING

- Kook de macaroni beetgaar. Schep de stukjes savooikool en het gehakt in de kaassaus en roer.
- Laat de macaroni uitlekken en stort de pasta in de saus. Roer en proef nog een keer. Gebruik naar smaak meer peper en zout.
- Serveer het gerecht in een grote schotel. Strooi er wat fijngesnipperde peterselie overheen.

PLADIJS MET GEPLETTE AARDAPPELEN EN POSTELEIN

Bereidingstijd
60 minuten

Pladijs is een smakelijke platvis die gerust wat vaker op tafel mag komen. Ook postelein verdient onze aandacht: deze nostalgische groente smaakt pittig en een beetje zuur en het bladgroen zit boordevol gezonde bestanddelen.

Ingrediënten
(4 personen)

VOOR DE VIS
8 filets van pladijs (op het vel)
een klont boter

VOOR DE GEPLETTE AARDAPPELEN
1 kg kleine aardappelen (vastkokend, bv. La Ratte du Touquet)
200 g postelein
2 sjalotten
150 g zure room
een scheutje olijfolie
peper en zout

VOOR DE VINAIGRETTE
5 cl olijfolie
een scheut natuurazijn
1 eetlepel (scherpe) mosterd
¼ busseltje kervel
¼ busseltje bieslook
¼ busseltje dragon
¼ busseltje peterselie
peper en zout

EXTRA MATERIAAL
pureestamper
ruime braadpan
flexibel fileermes (eventueel)

Bereiding

GEPLETTE AARDAPPELEN

- Spoel de kleine aardappelen schoon en kook ze in de schil. Voeg een snuifje zout toe aan het water.
- Spoel de postelein voorzichtig in ruim water en laat de bladgroente uitlekken.
- Schil de gare aardappelen. Pel de sjalotten en snipper ze fijn.
- Verhit een scheutje olijfolie in een stoofpot op een matig vuur. Stoof daarin de stukjes sjalot tot ze glazig zijn. Roer regelmatig.
- Snij de aardappelen in brede schijfjes en doe ze bij de sjalot.
- Druk de pureestamper enkele keren in de pot. Overdrijf niet, zodat er nog stukjes aardappel in de bereiding zitten.
- Schep de zure room bij de geplette aardappelen en roer.
- Meng de postelein onder de aardappelen. De groente zal zo garen.
- Kruid de bereiding met peper van de molen en een beetje zout.

VINAIGRETTE

- Doe een scheut natuurazijn en wat scherpe mosterd in een mengschaal. Roer met een garde en schenk er rustig de olijfolie bij. Blijf roeren tot je een licht gebonden vinaigrette krijgt. Voeg een beetje peper en een snuifje zout toe.
- Snipper de bieslook, dragon, peterselie en kervel zeer fijn. Meng de snippers door de vinaigrette

VIS

- Smelt een flinke klont boter in een ruime braadpan, op een matig vuur. Kruid de visfilets met peper en zout.
- Bak de filets eerst op de velkant. Draai ze na 3 minuten om. Bak de vis nog 2 minuten en serveer.

AARDAPPEL-SELDERSOEP MET VISBALLETJES

Bereidingstijd
55 minuten

Soep met balletjes heeft een bijzondere aantrekking op jong en oud. Ik kies voor een milde groene soep en voor de balletjes gebruik ik witte vis. Verdeel de visballetjes eerlijk: er zijn al vaker soepbaloorlogen uitgebroken aan de gezinstafel ...

Ingrediënten
(4 personen)

VOOR DE SOEP
3 l groente- of kippenbouillon
1 groene selder
1 preistengel
2 dikke uien
3 aardappelen
2 tenen look
1 bouquet garni van laurier, tijm, peterselie
een scheutje room (naar smaak)
een klont boter
selderzout
peper

VOOR DE VISBALLETJES
300 g witte vis (bv. wijting)
1 ei
0,5 dl room
3 takjes lavas
½ citroen
peper en zout

Verse bouillon?
Het recept vind je in de eerste drie boeken van *Dagelijkse kost*.

EXTRA MATERIAAL
staafmixer
hakmolen

Bereiding

SOEP

- Pel de uien en snij ze in grove stukken. Pel de look en snij de tenen in stukjes. Verhit een klont boter op een matig vuur in een ruime soepkom. Stoof de ui en look in de hete boter.
- Snij het wortelstuk en het donkerste loof van de prei. Snij het taaie onderste stuk van de selder. Snij de prei en selder in grove stukken. Versnijd ook het loof van de selder.
- Stoof de groenten enkele minuten mee met de uien. Roer regelmatig.
- Schil de aardappelen, snij ze grof en doe ze mee in de pot.
- Bind de laurierblaadjes, tijm en peterseliestelen met een keukentouw samen tot een kruidentuil en voeg die toe.
- Schenk er na een paar minuten de bouillon bij. Laat de soep een halfuur sudderen op een zacht vuur.

VISBALLETJES

- Snij de vis in stukken en doe ze in de hakmolen. Scheid het ei en doe het eiwit bij de stukken vis. (De dooier gebruiken we niet.)
- Snij de takjes lavas grof en doe ze in de hakmolen. Voeg een snuifje zout, peper van de molen en een scheut citroensap toe.
- Hak alles fijn. Voeg tussendoor een scheutje room toe en laat de molen opnieuw draaien tot je een smeuïge vispasta krijgt die stevig genoeg is om er balletjes uit te scheppen.

AFWERKING

- Verwijder het bouquet garni uit de soep. Mix de soep glad. Proef en voeg een flinke snuif selderzout en wat peper van de molen toe. Giet er ten slotte een scheutje room in en mix nog kort.
- Schep een kleine portie vismengsel op een lepel en schep het heen en weer met een tweede lepel tot er een mooi, glad, ovaal balletje ontstaat.
- Laat de balletjes garen in de soep. Zodra ze drijven, zijn ze gaar.

CHILI NO CARNE

Bereidingstijd
45 minuten

Zonder Spaanse les te willen geven, wissel ik het woordje 'con' in voor 'no': een chili con carne zonder vlees, maar met minstens zoveel smaak.

Ingrediënten
(4 personen)

250 g rode bonen (in blik)
400 g tomatenstukjes (blik of brik)
150 g zoete mais (uitgelekt)
2 dikke uien
1 rode paprika
1 gele paprika
2 wortelen
3 selderstengels
3 teentjes look
1 limoen
40 g tomatenconcentraat
1 dl groentesap (bv. V8)
300 g hot salsa (voor nachochips)
een scheutje hete chilisaus (naar smaak)
4 eetlepels zure room
1 eetlepel gerookt mild (of klassiek mild) paprikapoeder
1 eetlepel kaneelpoeder
1 eetlepel komijn
een scheut olijfolie
zout

EXTRA MATERIAAL
fijne rasp
zeef

Bereiding

| Pel de uien, snij ze middendoor en snipper ze in fijne stukjes.
| Verhit een flinke scheut olijfolie in een stoofpot, op een matig vuur. Stoof de brokjes ui in de olie. Roer regelmatig in de pot.
| Pel de tenen look en plet ze tot pulp. Doe de look bij de uien.
| Schil de wortels en snij ze in blokjes. Doe ze in de pot.
| Schil de paprika's met een dunschiller, snij de paprika's in kwarten en verwijder de zaadlijsten en bleke vliesjes. Snij de groente in hapklare stukken. Stoof ze mee.
| Snij de selderstengels in fijne stukjes. Kook gerust een beetje van het selderloof mee.
| Roer regelmatig in de groenten. Laat ze een paar minuten stoven.
| Schep de tomatenpuree bij de groenten. Roer en laat de puree heel kort meestoven.
| Voeg het kaneelpoeder, de komijn en het paprikapoeder toe. Blijf roeren.
| Schep vervolgens de dipsaus voor nachos in de pan en schenk er het groentesap bij. Giet de ingeblikte tomatenstukjes in de pot.
| Open het blik rode bonen, giet de inhoud in een zeef en spoel de boontjes onder koud stromend water. Laat ook de zoete mais uitlekken. Doe de uitgelekte bonen en de maiskorrels in de pan.
| Proef de chili en voeg naar smaak wat zout en hete chilisaus toe.
| Laat de pot 10 minuten pruttelen op een zacht vuur.

AFWERKING

| Roer het potje zure room los en schep een lepel ervan op ieders portie. Rasp wat groene zeste van limoen op de witte room.
| Zet de fles met hete chilisaus op de tafel voor de getrainde vuurvreters.

Tip: Chili no carne smaakt heerlijk bij rijst of een zacht tortillavel.

VEGETARISCH

VOLKORENSPAGHETTI MET RODE UI, SPINAZIE EN BLAUWE KAAS

Bereidingstijd
40 minuten

Volkorenpasta is voedzaam en bevat redelijk wat vezels. De flinke portie verse spinazie in deze schotel zorgt dan weer voor de nodige vitaminen.

Ingrediënten
(4 personen)

- 500 g volkorenpasta
- 300 g spinazie
- 3 rode uien
- 1 teen look
- 150 g blauwschimmelkaas + wat extra
- 50 g walnoten
- 4 dl groentebouillon
- enkele takjes tijm
- 1 theelepel chilivlokken (gedroogde chilipepers, naar smaak)
- een scheut olijfolie
- zout

Verse groentebouillon? Het recept vind je in de eerste drie boeken van *Dagelijkse kost*.

Bereiding

| Breng een ruime hoeveelheid water aan de kook in een ruime kookpot. Voeg een flinke snuif zout toe.
| Spoel de spinazie in ruim water en verwijder de taaiste bladstelen en bladnerven. Laat de groente uitlekken.
| Rooster de noten in een hoge pan op een matig vuur gedurende een paar minuten. Schud ze regelmatig op, want ze verbranden snel. Zet de noten even opzij.
| Pel de rode uien en snij ze in niet al te fijne halve ringen. Verhit een scheut olijfolie op een matig vuur en stoof de uien gedurende enkele minuten in een kookpot. Roer regelmatig.
| Pel de look en plet hem tot pulp. Laat de look meestoven met de uien. Zet het vuur nadien zachter, zodat de uien niet verkleuren.
| Hak de blaadjes van de tijm zo fijn mogelijk. Strooi de kruiden bij de uien en roer.
| Kook de pasta beetgaar in een gaartijd die een minuut korter is dan de tijd die staat aangegeven op de verpakking. Laat de pasta uitlekken. Hou wat van het kookvocht opzij.
| Strooi wat chilivlokken bij de uien en roer. Overdrijf niet, zeker als je niet zo'n fan bent van pikante gerechten.
| Schenk de groentebouillon erbij en roer.
| Breek de schimmelkaas in stukjes. Roer ze door de saus en laat ze wegsmelten.
| Voeg de spinazie toe en laat de groente in enkele minuten garen in de saus.
| Proef en voeg naar smaak meer kaas toe. In principe heb je geen peper en zout nodig.
| Meng de pasta doorheen de saus, voeg een schepje van het kookvocht van de spaghetti toe en roer.
| Serveer een bord dampende pasta met nog enkele blokjes schimmelkaas en wat van de geroosterde walnoten erbovenop.

PASTA

GRIEKSE PASTA MET MILDE PAPRIKAHARISSA EN GEITENKAAS

Bereidingstijd
80 minuten (incl. gaartijd ovengroenten)

Deze lauwe pastasalade lepelt met gemak naar binnen. De Griekse pasta in de vorm van grote rijstkorrels maakt er meteen iets bijzonders van. Verwacht je wel niet aan een smaakervaring die te vergelijken is met de vlammende uitlaat van een spaceshuttle, want mijn harissa is gemaakt op basis van gewone milde paprika's en een deel rode chilipeper.

Ingrediënten
(4 personen)

VOOR DE PASTA MET GESTOOFDE GROENTEN
400 g Griekse pasta (Kritharaki of Orzo)
½ courgette
1 rode ui
1 rode paprika
1 gele paprika
12 steelkappers
2 takjes rozemarijn
3 takjes tijm
2 eetlepels zwarte olijven (ontpit)
een scheut olijfolie
zout

VOOR DE PAPRIKAHARISSA
2 rode chilipepers
3 rode paprika's
4 teentjes look
1 limoen
70 g tomatenpuree (geconcentreerd)
een snuif komijnpoeder
een snuif korianderpoeder

Bereiding

PAPRIKAHARISSA

- Verwarm de oven voor op 170 °C.
- Schil drie rode paprika's met een dunschiller, snij ze open en verwijder het steeltje, de zaadlijsten en de binnenste bleke vliesjes. Snij de paprika's in grove stukken.
- Snij de rode chilipepers overlangs in tweeën en schraap uit een ervan de vurige zaadjes weg. (Wie echt niet van een pikante smaak houdt, gebruikt minder rode chilipeper.) Snij de chilipepers in grove stukken.
- Pel de tenen look en kneus ze. Doe de stukken paprika, chilipeper en de looktenen in een ovenschaal.
- Schenk wat olijfolie over de ovengroenten en strooi er komijnpoeder, korianderpoeder en paprikapoeder over.
- Zet de schaal in de voorverwarmde oven en laat alles zo'n 50 minuten garen.
- Neem de geroosterde groenten uit de oven en schep ze in de beker van de blender. Voeg de geconcentreerde tomatenpuree toe en knijp er het limoensap in.
- Mix alles tot een gladde oranjerode pasta. Proef en voeg naar smaak een beetje zout toe.

PASTA MET GESTOOFDE GROENTEN

- Pel de rode ui en snij hem middendoor. Snij de stukken ui vervolgens in fijne halve ringen.
- Schenk een scheut olijfolie in de wok en verhit ze op een matig vuur. Stoof de stukken ui glazig in de hete olie. Roer regelmatig.

een snuif (mild) paprikapoeder
een scheut olijfolie

VOOR DE AFWERKING
250 g verse geitenkaas
een scheutje balsamico
1 busseltje rucola
enkele takjes basilicum

EXTRA MATERIAAL
blender
wok (eventueel)

| Schil de rode en de gele paprika. Snij ze eerst in repen en vervolgens in grove blokjes. Spoel de courgette en snij ze in dobbelstenen. Laat de groenten enkele minuten meestoven met de uiringen, tot ze beetgaar zijn.
| Hak de rozemarijn en tijm zo fijn mogelijk en roer ze doorheen de gestoofde groenten.
| Breng een ruime hoeveelheid water aan de kook en doe er een snuif zout in. Kook de Griekse pasta beetgaar in het kokende water (volgens de aanwijzingen op de verpakking). Laat de pasta uitlekken.
| Pluk de steeltjes van de steelkappers en hak de vruchtjes in dunne schijfjes. Hak de olijven fijn, tenzij ze erg klein zijn. Roer kappers en olijven onder de beetgare wokgroenten.

AFWERKING

| Schep de gare pasta in de wok met groenten. Roer er de helft van de paprikaharissa onder. Zet de pan eventueel op een heel zacht vuur, zodat het gerecht nog wat extra warmte krijgt.
| Schep de inhoud van de wokpan in een ruime schaal. Verbrokkel de verse geitenkaas en strooi de witte brokjes over de pastaschotel.
| Spoel de rucola en de basilicumblaadjes, laat ze uitlekken en meng het groen. Werk de pastaschotel af met de frisse salade van rucola en basilicum.
| Druppel er ten slotte nog een klein beetje balsamico over. Zet de rest van de paprikaharissa op tafel of vries de bereiding in voor later.

CARPACCIO VAN SINT-JAKOBS-VRUCHTEN

Bereidingstijd
40 minuten

Op zoek naar een verfijnd maar tegelijk eenvoudig voorgerecht? Deze feestelijke bordjes bereid je zonder gebruik te maken van het fornuis of de oven.

Ingrediënten
(4 personen)

8 sint-jakobsvruchten (2 per persoon, kraakvers)
1,5 dl zure room
2 koffielepels mierikswortelpasta (naar smaak)
1/3 daikon (grote oosterse witte radijs)
1 busseltje waterkers
1 limoen
enkele scheutjes fijne olijfolie
wat grof zout (bv. Fleur de Sel)
peper en zout
ijsblokjes

EXTRA MATERIAAL
fijne rasp
een lang vlijmscherp mes (eventueel)

Bereiding

- Laat de verse sint-jakobsschelpen schoonmaken door je vishandelaar of doe het gewoon zelf: wrik de schelp open met een lang, vlijmscherp mes. Plaats het mes vlak tegen de bovenste schelphelft en blijf zo dicht mogelijk tegen de schelp snijden tot ze openklapt. Schep met een lepel het witte nootje los van de onderste schelp. (Beschadig het niet.) Verwijder de glibberige rest van het weekdier dat rond het nootje zit.
- Spoel de nootjes behoorlijk lang in een zeefje onder een straal koud water. Dompel ze onder in ijswater en zet ze aan de kant.
- Meng de zure room en de mierikswortelpasta in een mengschaal.
- Rasp de groene zeste van de limoen erbij en knijp er een scheutje limoensap in. Voeg wat peper en een snuifje zout toe.
- Roer en proef het sausje. Voeg naar smaak extra limoensap of mierikswortel toe. Plaats het sausje in de koelkast.
- Pluk de fijne takjes waterkers en bewaar ze in een kom met ijswater.
- Schil het stuk daikon en snij de radijs in uiterst fijne reepjes (julienne). Bewaar de reepjes daikon in de kom met gekoelde waterkers.

AFWERKING

- Wrijf op elk bord een lepel roommengsel met de bolle zijde van een lepel open, tot een cirkel van zo'n 10 tot 12 centimeter diameter.
- Dep de gekoelde sint-jakobsnootjes droog. Snij de zeevruchten met een vlijmscherp mes in flinterdunne plakjes van 2 millimeter dik. Schik de plakjes in cirkelvormen op het laagje room.
- Laat de daikon en frisse waterkers uitlekken, en verzamel de groenten in een mengschaal. Druppel er een klein beetje fijne olijfolie en limoensap over. Voeg een bescheiden snuifje zout en een beetje peper toe en meng het slaatje voorzichtig.
- Strooi een kleine hoeveelheid peper en een klein beetje grof zout over de zeevruchten.
- Verdeel een portie van het wit-groene groenteslaatje op de coquilles. Druppel er ten slotte wat fijne olijfolie overheen.

GRIESMEELPAP MET CITRUSVRUCHTEN EN CRUMBLE

Bereidingstijd
50 minuten
(excl. afkoelen pap)

Zurig fruit, zoete vanillepap en een krokante crumble: een *full option* om eender welke gezellige maaltijd mee af te sluiten.

Ingrediënten
(4 personen)

VOOR DE AMANDELCRUMBLE
20 g bloem
20 g amandelpoeder
20 g malse boter
20 g bruine suiker

VOOR DE GRIESMEELPAP
200 g slagroom (volle room)
40 g griesmeel
20 g suiker
1 vanillestok

Weeg alle ingrediënten zorgvuldig af!

VOOR DE CITRUSVRUCHTEN
1 roze pompelmoes
1 sinaasappel

VOOR DE AFWERKING
1 dl slagroom (volle room)

EXTRA MATERIAAL
bakpapier of bakmatje
(plastic) spuitzak
(hoge) dessertglazen

Bereiding

AMANDELCRUMBLE

- Warm de oven voor op 180 °C.
- Meng de bloem, het amandelpoeder, de malse boter en de bruine suiker in een schaal. Kneed de ingrediënten met schone handen tot een kruimelig balletje.
- Druk dit balletje op een vel bakpapier op een ovenplaat tot een dik vel (brokkelig) deeg.
- Bak het deeg gedurende 15 minuten in de hete oven.
- Haal de hete crumble uit de oven en verkruimel het gebak meteen met een vork. Laat de crumble afkoelen.

GRIESMEELPAP

- Breng de room in een pannetje aan de kook op een matig vuur.
- Snij de vanillestok overlangs in tweeën. Schraap met een mespunt zo veel mogelijk zaadjes uit de peul. Meng de vanillezaadjes in de room die aan het opwarmen is.
- Meng het griesmeel en de kristalsuiker.
- Schil met een dunschiller een drietal lapjes van zowel de sinaasappelschil als de pompelmoes. Doe deze in de room zodat ze smaak kunnen afgeven. Roer regelmatig met de garde.
- Verwijder de zestes van de citrusvruchten zodra de room zeer kort heeft gekookt.
- Neem je garde, giet het griesmeel met suiker in de hete room en blijf roeren tot je een dikke gebonden pap krijgt.
- Stort de griesmeelpap uit in een kom en leg er een vel vershoudfolie over. Druk het plastic tot tegen de crème, zodat er geen taai vliesje op komt. Laat de pap afkoelen in de koelkast.

CITRUSVRUCHTEN

| Schil de sinaasappel en de roze pompelmoes met behulp van de 'a vif'-techniek: snij de boven- en onderkant van de vrucht. Doe het zorgvuldig, zodat de beide afgesneden kanten evenwijdig zijn. Zet de vrucht rechtop en snij van boven naar onder repen van de schil. Dat doe je door je mes net achter de schil te zetten en voorzichtig naar beneden te snijden waarbij je de ronde vorm van de vrucht volgt. Snij de laatste restjes van het witte vliesje (dat tussen de schil en de vrucht zit) weg. Nu zie je de partjes van de vrucht zitten. Die kan je makkelijk losmaken door langs een 'nerf' te snijden en het partje los te wrikken met je mes. Zo krijg je het meeste rendement. Vang het vruchtensap op dat vrijkomt tijdens het snijden.

AFWERKING

| Klop de extra room in een mengkom op tot halve dikte (ongeveer de dikte van mayonaise).
| Spatel de stevige griesmeelpap in delen door de slagroom en meng ze tot een egale zijdezachte dikke pap.
| Schenk er het sap bij dat vrijkwam bij het versnijden van het fruit.
| Schep de griesmeelpap in de spuitzak. Knip het topje eraf en verdeel het mengsel over de glazen waarin je het dessert wilt serveren.
| Verdeel partjes sinaasappel en pompelmoes over de pap en werk het dessert af met crumble.

EEN SMEUS

Bereidingstijd
50 minuten

Ik heb de naam van dit gerecht echt niet zelf verzonnen: in West- en Oost-Vlaanderen weet iedereen meteen waarover het gaat. Voor mij is een onvergetelijke smeus een combinatie van puree van aardappelen, karnemelk, eitjes en grijze Noordzeegarnalen.

Ingrediënten
(4 personen)

VOOR DE GARNALEN
250 g ongepelde grijze Noordzeegarnalen

VOOR DE PUREE
600 g kleine vastkokende aardappelen
    (bv. Corne de Gatte)
90 g hoeveboter
2 dl karnemelk (natuur)
2 eetlepels zure room
½ busseltje bieslook
zout

VOOR DE GEPOCHEERDE EIEREN
4 verse eieren (koel)
een scheut natuurazijn

VOOR DE AFWERKING
een beetje grof zout
    (bv. Fleur de Sel)

EXTRA MATERIAAL
pureestamper

Bereiding

GARNALEN EN PUREE

- Spoel de aardappelen en kook ze in een kookpot ongeschild gaar in water met een snuif zout. Schil de gare aardappelen.
- Pel de garnalen en zet ze koel.
- Smelt boter in een pot en laat hem lichtjes kleuren op een matig vuur (beurre noisette).
- Voeg de karnemelk toe en doe de geschilde aardappelen in de pot. Neem de pot van het vuur.
- Druk de pureestamper enkele keren in de pot. Ga door tot je een puree krijgt waarin nog enkele brokjes aardappel zitten.
- Schep er de zure room bij en roer. Proef en voeg naar smaak een snuifje zout toe. Zet het deksel op de pot en hou de puree warm.
- Snipper de bieslook piepklein. Zet de kruiden opzij.

GEPOCHEERDE EIEREN

- Vul een hoge pot voor drie vierde met water en breng het aan de kook.
- Voeg een royale scheut azijn toe tot je het zuur in het water proeft. (De azijn zorgt ervoor dat het eiwit straks beter stolt.) Doe er in geen geval zout in, want dat werkt averechts.
- Breek elk ei in een aparte koffiekop. Hou de dooier altijd heel. Hou een halve eierschaal opzij.
- Zet het vuur zachter en hou het water net onder het kookpunt. Roer met een garde in het water tot er een draaikolk ontstaat. Leg een stukje eierschaal in het water. Zodra dat afdrijft naar het midden van de pot en daar rondjes danst, kan je beginnen met pocheren.
- Neem de eierschaal weg en giet het eerste ei in het midden van de pot. Na 1 tot 2 minuten is het ei voldoende gaar. De dooier van een gepocheerd ei hoort binnenin nog lopend te zijn.

➜

| Verhoog eventueel de temperatuur van het vuur een beetje. Je kan verschillende eieren tegelijk pocheren, maar wie op veilig speelt, pocheert ei na ei.
| Vis het gepocheerde ei voorzichtig op met een schuimspaan, zodat het water weglekt. Snij eventueel losse flapjes eiwit weg.

AFWERKING

| Roer de snippers bieslook doorheen de puree.
| Schep telkens een lepel van de aardappelpuree in een diep bord.
| Leg het gepocheerde ei voorzichtig en ongeschonden op de aardappelen. Strooi er een klein beetje grof zout over.
| Werk elk bord af met een portie gepelde garnalen.

TORTILLAWRAP MET KROKANTE KIP

Bereidingstijd
45 minuten (excl. marineren uiringen, best een dag op voorhand)

Deze tortilla heeft Mexicaanse roots, maar is tegelijk huisgemaakte fastfood met klasse.

Bereiding

Ingrediënten
(4 personen)

4 zachte tortillavellen
1 kropsla

VOOR DE GEMARINEERDE UIRINGEN
1 rode ui
1,5 dl rodewijnazijn
1,5 dl water
8 eetlepels suiker

VOOR DE GUACAMOLE
2 rijpe avocado's
1 limoen
een snuifje cayennepeper
een snuifje zout
een scheutje fijne olijfolie

VOOR DE KROKANTE KIP
600 g kipfilets
50 g panko (grof Japans paneermeel)
50 g bloem
2 eieren
een snuif kippenkruiden
arachideolie

EXTRA MATERIAAL
friteuse of wokpan met arachideolie
fijne rasp

GEMARINEERDE UIRINGEN

- Pel de ui en snij hem in fijne halve ringen. Doe ze in een schaaltje.
- Doe de rodewijnazijn en dezelfde hoeveelheid water in een hoge kleine pan. Voeg de suiker toe en breng aan de kook op een matig vuur. Roer zodat de suiker oplost in het zuur.
- Schenk het hete zoetzure mengsel over de uien en dek het schaaltje af met een vel vershoudfolie. Plaats het in de koelkast.

GUACAMOLE

- Verwijder de pit van de avocado's en trek de schil eraf. Plet het vruchtvlees met een vork in grove stukken in een mengschaal.
- Voeg een voorzichtig snuifje cayennepeper toe en wat zout. Rasp een beetje van de dunne schil van de limoen erbij. Knijp het limoensap erbij en schenk er wat fijne olijfolie in.
- Roer de bereiding en zet ze opzij.

KROKANTE KIP

- Warm de arachideolie in de wok op een stevig vuur.
- Doe bloem in een eerste schaaltje, klop de eieren los in een tweede schaaltje en strooi panko in het derde schaaltje. Doe ook een flinke snuif kippenkruiden in het schaaltje met panko.
- Snij de filets in reepjes van 1 op 2 centimeter. Bepoeder ze met een laag bloem, haal ze door het ei en geef ze een jas van panko.
- Bak de kip in verschillende beurten van 4 tot 5 minuten goudbruin en krokant in de hete arachideolie.
- Laat de reepjes kip uitlekken op een bord met keukenpapier.

TORTILLA

- Warm de tortillavellen in een pan op een zacht vuur.
- Spoel de kropsla en laat hem uitlekken.
- Bestrijk elke tortilla met guacamole. Vlij er knapperige kropsla en reepjes krokante kip op. Schik er gemarineerde uiringen op.
- Rol de tortilla op. Gebruik wat guacamole als kleefmiddel. Snij de wrap middendoor en serveer het gerecht meteen.

VLEES

LINGUINE MET SCAMPI, VENKEL EN KERSTOMAAT

Bereidingstijd
35 minuten

Ingrediënten
(4 personen)

800 g scampi
400 g linguine
250 g kerstomaten
1 venkel
2 sjalotten
1 rode chilipeper (naar smaak)
1 citroen
¼ busseltje platte peterselie (extra naar smaak)
enkele scheutjes olijfolie
peper en zout

EXTRA MATERIAAL
fijne rasp

Bereiding

- Ontdooi de scampi tijdig.
- Breng een ruime hoeveelheid water aan de kook. Voeg een flinke snuif zout toe.
- Pel de scampi en maak een ondiepe insnijding langs de rug van de dikke garnaal. Verwijder het darmkanaal met een mespunt.
- Zet een ruime hoge pan op een matig vuur en schenk er een scheut olijfolie in. Laat de olie heet worden en geef de scampi in enkele minuten aan beide zijden een bakbeurt. Kruid ze tussendoor met wat peper van de molen en zout. (De scampi mogen binnenin nog niet gaar zijn.)
- Schep de gebakken scampi uit de pan en zet ze even opzij.
- Pel de sjalotten en snij ze in lange fijne reepjes (julienne).
- Deel de venkelknol in tweeën en snij het taaie hart vlakbij het wortelstukje weg. Snij de groente in reepjes van 0,5 centimeter.
- Verhit een scheut olijfolie in de pan en stoof de sjalot en venkel gedurende 3 tot 5 minuten. Roer regelmatig en gebruik een matig vuur. De venkel moet nog wat 'beet' hebben.
- Snij de rode chilipeper in de lengte in tweeën en schraap er de gevaarlijk pikante zaadjes uit. Snij de stukken peper in flinterdunne plakjes. (Wie niet gesteld is op pikant, kan minder of desnoods geen chilipeper gebruiken.)
- Laat de fijne stukjes chilipeper even meestoven. Zet het vuur nadien zeer zacht.
- Snij alle kerstomaatjes doormidden.
- Kook de pasta beetgaar in het kokende water. (Verminder de op de verpakking aangegeven kooktijd met een minuut.) Zet wat van het kookvocht opzij. Laat de pasta uitlekken.
- Doe de tomaatjes en de scampi in de pan met groenten. Schep er de pastalinten bij en roer alles voorzichtig.
- Roer wat van het kookvocht van de pasta door de bereiding voor een mooie glans en een beetje binding.
- Snipper de bladpeterselie fijn en roer de kruidensnippers door het gerecht.
- Spoel de citroen en rasp een beetje van de dunne gele schil in de pan met pasta. Druppel een beetje vers citroensap over de bereiding.
- Meng alles, proef en voeg naar smaak peper van de molen en een snuifje zout toe.

KERVELSOEP MET WITTE PENS

Bereidingstijd
45 minuten

Kervelsoep is een klassieker, maar de soep smaakt eens zo goed en ziet er uitzonderlijk verfijnd uit als ze bereid wordt zonder gebruik van een mixer. Helemaal af is het met fijne blokjes witte pens die in de soep ronddobberen.

Ingrediënten
(4 personen)

3 liter kippenbouillon (of groentebouillon)
2 witte pensen
200 g verse kervel
2 grote uien
2 preistengels
4 aardappelen (vastkokend)
1 bouquet garni van laurier, tijm, peterseliestelen
een scheutje OXO (vloeibare vleesbouillon)
een klontje boter
peper en zout

Verse kippen- of groentebouillon? Het recept vind je in de eerste drie boeken van *Dagelijkse kost*.

Bereiding

- Pel de uien en snipper ze in fijne stukjes (brunoise).
- Snij het donkerste loof van de prei en snij het witte gedeelte van de groente ook in zeer fijne blokjes.
- Smelt een klontje boter in een soepketel op een matig vuur.
- Stoof de snippers ui in de boter. Roer regelmatig en laat ze enkele minuten garen tot ze glazig zijn.
- Voeg de fijne stukjes bleke prei toe en stoof ze mee. Roer regelmatig en zet het vuur na een paar minuten zachter.
- Bind de tijm, de laurierblaadjes en (indien mogelijk) wat peterseliestelen met een keukentouw samen tot een bouquet garni en doe het in de pot met gestoofde groenten.
- Schenk de bouillon bij de groenten en laat de soep 10 minuten sudderen op een matig tot zacht vuur.
- Schil de aardappelen en snij elke aardappel eerst in schijfjes van 0,5 centimeter dik. Snij ze in kleine blokjes. Laat de blokjes aardappel niet verkleuren, dus voeg ze meteen toe aan de pot soep.
- Verwijder het vlies dat rond de witte pensen zit. Snij de worsten in de lengte in plakken van 0,5 centimeter dik. Snij de langwerpige plakjes vlees vervolgens in kleine blokjes.
- Strooi het vlees in de sudderende soep. Proef en breng de soep op smaak met een klein scheutje OXO en wat peper van de molen. Proef opnieuw en beslis of er nog extra zout bij moet.
- Spoel de flinke portie kervel en laat het delicate groen uitlekken. Hak de blaadjes en de steeltjes fijn. Doe de snippers kervel in de pot soep en roer.
- Laat de soep nog een paar minuten sudderen. Dan is ze al schepklaar.

ZEEBAARS IN ZOUTKORST MET GROENTEN

Bereidingstijd
60 minuten

Op mijn gebruik van het zoutvat heb ik al veel commentaar gekregen, maar deze keer heb ik maar liefst een hele kilogram zout nodig om een van mijn meest favoriete visbereidingen te maken. Een wilde zeebaars is niet goedkoop, maar deze bereiding doet de kwaliteit en de smaak van de vis alle eer aan. Laat je visboer zeker weten dat de vis niet geschubd mag zijn: dat is belangrijk voor het slagen van deze bereiding.

Ingrediënten
(4 personen)

1 wilde zeebaars (op zijn geheel, schoongemaakt maar mét schubben)
1 kg grof zeezout
800 g kleine vastkokende aardappelen (bv. La Ratte du Touquet, Corne de Gatte)
1 venkel
250 g kleine trostomaatjes (of kerstomaten)
1 sjalot
1 ei
enkele takjes (krul) peterselie
enkele takjes dragon
enkele takjes dille
enkele takjes basilicum
een scheut olijfolie (om te stoven)
een scheut fijne olijfolie (om te garneren)
peper
grof zeezout (bv. Fleur de Sel)

Bereiding

ZEEBAARS

- Verwarm de oven voor op 200 °C.
- Strooi het grof zeezout in een ruime mengschaal. Scheid het ei en doe het eiwit bij het zout. Meng de twee ingrediënten grondig tot een lichtvochtige zoutmassa. (De dooier gebruiken we niet.)
- Knip de staartvin wat bij, zodat de vis makkelijk op de ovenschaal past.
- Spoel de dille, dragon en peterselie schoon en stop de kruiden in de holte van de zeebaars. (De basilicum belandt straks bij de groenten.)
- Prik de holte dicht met een tandenstoker. Snij eventueel de uiteinden van de stoker af, zodat het hout niet boven de zoutkorst uitsteekt.
- Bedek een vlakke ovenschaal met een dubbele laag bakpapier en leg er de zeebaars op.
- Schep het zout over de vis en druk het aan tot een egale zoutkorst van een kleine centimeter dik. Druk ook een muurtje van zout tegen de randen van de vis. De kop en het uiteinde van de staart van de baars hoeven niet bedekt te zijn met zout.
- Gaar de zeebaars in de hete oven. Reken een gaartijd van 23 minuten voor een zeebaars van 1 kilogram. (Pas de tijd aan de maat van je vis aan.)

EXTRA MATERIAAL
tandenstoker
groot vel bakpapier

GROENTEN EN AARDAPPELEN

| Vul een pot met water, doe er een snuif zout in en kook de ongeschilde aardappelen gaar.
| Spoel de venkel en snij de groente middendoor. Snij het taaie hart bij het wortelstuk weg. Snij de venkel (inclusief het toefje loof) in fijne plakjes.
| Zet een stoofpot op een matig vuur en schenk er wat olijfolie in. Stoof de stukjes venkel in de hete olie.
| Pel de sjalot en snij ze in fijne lange sliertjes. Voeg ze toe aan de venkel.
| Schenk na een minuut een scheutje water bij de groenten. (Witte wijn kan ook.) Laat de pan zo'n 10 minuten rustig sudderen. Roer af en toe in de pot.
| Pluk de tomaatjes van de stelen en snij ze middendoor. Verzamel de halve tomaatjes in een kom.
| Giet de aardappelen af en schil ze. Snij ze in dikke schijven en doe ze bij de gestoofde venkel. Strooi er de halve tomaatjes in. Wacht nog even met roeren.
| Scheur de basilicumblaadjes in stukken en strooi ze bij de groenten. Breng op smaak met peper van de molen en een snuifje grof zeezout.

AFWERKING

| Tik met de onderzijde van het mes op de zoutkorst tot ze breekt. Schep de stukken zout weg en zet de vis zo veel mogelijk in z'n blootje.
| Fileer de zeebaars aan tafel met een klein paletmes: trek het taaie vel voorzichtig weg, schep het verse visvlees langs de graat weg.
| Serveer iedereen een portie zeebaars en schep er een portie gestoofde groenten bij. Druppel een scheutje fijne olijfolie over de verse vis.

OERKLASSIEK

CROQUE MET VERSE ZALM EN GEITENKAAS

Bereidingstijd
25 minuten

De croque monsieur blijft een 'winner' als het erop aankomt om in weinig tijd een bord genot te vullen. Ben je op zoek naar een warm aperitiefhapje? Snij deze croque in kleine porties en serveer hem bij een glas bubbels.

Ingrediënten
(4 personen)

VOOR DE CROQUE
½ bruin brood (carré, ongesneden)
300 g rauwe zalmfilet
200 g verse geitenkaas (zonder korst)
1 limoen
enkele sprieten bieslook
een scheutje room
1 koffielepel graanmosterd (of een beetje wasabi of mierikswortelpasta)
peper

VOOR DE SLA MET VINAIGRETTE
1 krop eikenbladsla
1 botje radijzen
½ busseltje dille
1 eetlepel honing
1 eetlepel graanmosterd
een scheutje walnotenolie
een scheut fijne olijfolie
een scheutje (wittewijn) azijn
peper
grof zout (bv. Fleur de Sel)

EXTRA MATERIAAL
broodmes
grilltoestel of croque-monsieurtoestel

Bereiding

SLA MET VINAIGRETTE

- Snij of pluk de radijsjes los en spoel ze grondig schoon.
- Pluk de bladeren van de eikenbladsla en spoel ze in ruim water. Laat de groente uitlekken. Doe de sla in een slakom.
- Snij de radijzen in schijfjes en doe ze erbij.
- Roer met een garde de graanmosterd met de honing in een schaaltje. Schenk er wat azijn bij. Voeg een klein scheutje notenolie toe en ten slotte wat fijne olijfolie. Roer en proef. Voeg extra azijn, honing of mosterd toe tot alle smaken in balans zijn.
- Snipper de takjes dille (zonder te dikke stelen) zeer fijn. Meng de groene sprietjes in de vinaigrette.

CROQUE

- Plet de zachte geitenkaas en de room met een vork tot een smeuïg en smeerbaar mengsel in een mengschaal.
- Rasp er een beetje van de groene zeste van een limoen bij en voeg enkele fijngesnipperde sprieten bieslook toe.
- Voeg scherpte toe met een beetje graanmosterd.
- Snij met een vlijmscherp koksmes de rauwe verse vis in dunne plakjes. Zet de plakjes vis even koel en spoel je snijplank schoon.
- Snij het brood in sneden van ongeveer 1 centimeter dik.
- Smeer een royale laag van de geitenkaas op de helft van de sneden. Leg enkele plakjes zalm op het kaasmeersel en strooi wat peper op de vis. Leg er een tweede snee op.

AFWERKING

- Verhit het grill- of croque-monsieurtoestel.
- Werk de sla af met wat peper van de molen en een snuifje grof zout. Schep een lepeltje van de vinaigrette over de sla en meng voorzichtig.
- Bak de zalmcroques goudbruin.
- Schik op elk bord een torentje sla met radijs. Snij elke warme zalmcroque in twee driehoeken en leg ze naast de sla.

FRITTATA MET BLOEMKOOL, SPINAZIE EN FETA

Bereidingstijd
60 minuten
(incl. baktijd)

Een frittata kan je het best omschrijven als de Italiaanse versie van de Spaanse tortilla. Zo'n frittata smaakt extra goed als je er een eenvoudig slaatje bij serveert.

Ingrediënten
(4 personen)

VOOR DE FRITTATA
10 eieren
1 kleine bloemkool
3 aardappelen
   (vastkokend)
2 uien
2 teentjes look
   (naar smaak)
150 g jonge spinazie
150 g fetakaas
2 takjes tijm
2 takjes salie
1 takje rozemarijn
een klont boter
peper en zout

VOOR DE SLA
100 g rucola
enkele takjes basilicum
een scheutje fijne olijfolie
een scheutje
   balsamicoazijn
peper en zout

EXTRA MATERIAAL
rond bakblik met
   antikleeflaag en
   middelhoge rand
   (diameter ong.
   23 centimeter)

Bereiding

FRITTATA

| Breng een pot met water met een snuif zout aan de kook.
| Spoel de spinazie schoon.
| Schil de aardappelen en snij ze in dobbelstenen. Kook de stukken aardappel beetgaar in het licht gezouten water. Laat ze niet te lang koken, want straks garen ze verder in de oven. Giet de blokjes aardappel af en hou ze opzij.
| Breek de buitenste bladeren van de bloemkool en snij de witte 'bloem' in hapklare roosjes van gelijke grootte. Spoel de stukjes kool schoon en kook ze ook beetgaar.
| Pel de uien en snij ze in grove stukken. Pel de looktenen en plet ze tot pulp. Verhit een klont boter in een stoofpot op een matig vuur. Stoof er de ui en de look in. Roer af en toe.
| Voeg enkele minuten later de spinazie toe, gevolgd door de aardappel en bloemkool. Laat de groenten nog heel kort stoven.
| Verwarm de oven voor tot 180 °C.
| Snipper de rozemarijn, tijm en salie zo fijn mogelijk en roer ze door de groenten. Voeg een flinke snuif peper en wat zout toe.
| Breek de eieren in een mengkom. Klop ze los met de garde en voeg peper en zout toe. Roer nog even in de eieren.
| Schep de groenten en aardappelen in het bakblik. Schenk de geklutste eieren erover.
| Verbrokkel de Griekse feta en strooi de hagelwitte brokjes kaas over de dikke omelet.
| Plaats de frittata 25 tot 30 minuten in de hete oven. Beëindig het bakken met een korte grillbeurt.
| Stort de dikke omelet ondersteboven op een groot bord, plaats een gelijkaardig bord op de bodem van de frittata en keer het zaakje voorzichtig om

SLA

| Meng de rucola met gescheurde blaadjes basilicum. Druppel er een beetje fijne olijfolie over en een scheutje balsamicoazijn. Voeg wat peper van de molen en een snuifje zout toe.
| Leg een portie van het groen op de frittata.

LAMSBURGERS IN EEN PITABROODJE

Bereidingstijd
45 minuten

Ingrediënten
(4 personen)

VOOR DE LAMSBURGERS
4 pitabroodjes
500 g lamsgehakt
2 lente-uitjes
30 g gember (stukje knol)
½ rode chilipeper
  (naar smaak)
enkele takjes koriander
enkele takjes platte
  peterselie
een snuifje komijnpoeder
1 ei
20 g paneermeel
  (naar behoefte)
een scheut olijfolie
(zout)

VOOR DE LOOKSAUS
1 dl yoghurt (natuur)
2 eetlepels mayonaise
½ teentje look (of meer
  naar smaak)
1 limoen
een snuifje cayennepeper
een snuifje zout

Bereiding

LAMSBURGERS

- Spoel de lente-uitjes en verwijder het buitenste blad. Snij ze in piepkleine stukjes.
- Snipper de koriander en bladpeterselie zo fijn als je kan.
- Hak de chilipeper in piepkleine rode puntjes. (Wie niet van pikant houdt, gebruikt geen chilipeper.)
- Doe het lamsgehakt in een mengschaal en voeg de lente-ui, kruiden en chilipeper toe.
- Schil het stukje verse gember en rasp het fijn boven het gehakt.
- Voeg een snuif komijnpoeder toe. Voeg enkel zout toe als het gehakt niet vooraf werd gekruid.
- Breek het ei in de mengschaal en strooi er een deel paneermeel bij.
- Meng alle ingrediënten met schone handen tot een smeuïg vleesmengsel.
- Kneed het kruidige lamsgehakt tot burgers van 2 centimeter dik. (Als het vleesmengsel te zacht is, voeg dan wat extra paneermeel toe.)
- Zet de lamsburgers nog even opzij, op kamertemperatuur.

LOOKSAUS

- Doe de yoghurt en mayonaise in een mengschaal. Pel de look en plet de halve teen tot pulp.
- Roer de pulp door de saus en voeg een bescheiden snuifje cayennepeper toe en een beetje zout.
- Voeg wat geraspte limoenschil toe. Gebruik enkel het buitenste groene laagje citrusschil.

SALADE

- Snij de lente-uitjes in flinterdunne rondjes.
- Snij de ongeschilde komkommer in de lengte in tweeën en verwijder de vochtige zaadlijst. Snij de groente in kleine stukjes.
- Snipper de platte peterselie, de munt en de koriander in fijne reepjes.

VOOR DE SALADE
200 g kerstomaten
50 g rucola
½ komkommer
3 lente-uitjes
¼ busseltje platte peterselie
enkele takjes munt
enkele takjes koriander
een scheutje fijne olijfolie

EXTRA MATERIAAL
fijne rasp

Verse mayonaise? Het recept vind je in de eerste drie boeken van *Dagelijkse kost*.

| Halveer de kerstomaten. Neem de rucola. Voeg alle groenten samen in een ruime slakom.
| Meng de salade, maar werk ze pas kort voor het serveren helemaal af.

AFWERKING

| Verwarm de oven voor op 220 °C (of hoger).
| Verhit een scheut olijfolie in een braadpan op een matig tot stevig vuur. Bak de burgers in de hete olie. Draai het vlees om zodra de eerste zijde goudbruin gekorst is. Zet het vuur nadien wat zachter, zodat de burgers tot in de kern voldoende warmte krijgen. Binnenin is het lamsvlees best rosé gebakken.
| Maak de pitabroodjes aan beide zijden nat en leg ze enkele minuten in de hete oven.
| Neem de schaal met salade en werk af met een scheutje fijne olijfolie.
| Snij de rand van de warme broodjes open. Schep in elk broodje een portie van de verse salade en schuif er een versgebakken lamsburger bij.
| Serveer meteen, met looksaus. Zet de rest van de sla mee op tafel.

AMANDELBISCOTTI EN EEN EXOTISCHE SMOOTHIE

Bereidingstijd
80 minuten (biscotti, incl. baktijden)
15 minuten (smoothie)

Biscotti zijn beenharde Italiaanse koekjes die heerlijk smaken bij je espresso. Ze lijken op schijfjes brood, maar dan gevuld met gedroogd fruit en amandelen.

Bereiding

BISCOTTI

- Leg de abrikozen minstens 30 minuten te week in een scheut amaretto.
- Breek de eieren in de mengkom van de keukenmachine. Doe de machine draaien en giet de suiker erbij tot je een luchtig mengsel krijgt van ei en suiker.
- Schep de bloem er in delen bij en laat de machine draaien tot je een dik koekjesdeeg krijgt.
- Verwarm de oven voor op 180 °C.
- Snipper de abrikozen fijn. Hak de amandelnoten in grove stukken. Voeg een snuifje zout toe en meng de fruitblokjes en de stukken noot doorheen het deeg.
- Bepoeder je werkplank met een behoorlijk laagje bloem. Schep het deeg op het bebloemde vlak. Strooi er nog wat bloem over.
- Kneed de bal 'nat' deeg. Laat het deeg voldoende bloem opnemen tot het stevig genoeg is om er een worst van te rollen.
- Rol het tot een lange (lichtjes afgeplatte) worst van 2 centimeter dik en 4 centimeter breed.
- Snij de worst in twee gelijke stukken van elk 25 tot 30 centimeter lang en leg ze op een ovenschaal met een bakmatje.
- Bak de koekjes 20 minuten in de warme oven. Haal ze eruit en zet de oven lager, op 120 °C.
- Snij de worsten in individuele koekjes van 1,5 tot 2 centimeter.
- Verspreid de koekjes over de ovenschaal en laat ze opnieuw in de oven verdwijnen voor een 'droogbeurt' van 25 minuten.
- Laat de koekjes afkoelen.

Ingrediënten
(4 personen)

VOOR DE BISCOTTI
125 g suiker
2 eieren
250 g patisseriebloem + wat extra bloem
50 g gepelde amandelen (ongezouten)
50 g gedroogde abrikozen
een scheutje amaretto (amandellikeur)
een snuifje zout

VOOR DE SMOOTHIE
2 rijpe bananen
1 rijpe mango
4 sinaasappelen
1 passievrucht

EXTRA MATERIAAL
keukenmachine met hulpstuk voor het deeg
bakmatje of bakpapier
blender

SMOOTHIE

- Pel de bananen en snij ze in grove stukken. Schil de mango en snij het vruchtvlees in stukken. Doe ze in de blender.
- Voeg het sinaasappelsap toe. Snij de passievrucht door en schep de smakelijke pitjes bij de rest van het fruit. Mix alles tot een stevige smoothie.

GEGRILDE ZEEDUIVEL MET CHORIZO, RICOTTA EN PENNE

Bereidingstijd
50 minuten

Zeeduivel is een bijzondere zeebewoner, met stevig en smakelijk wit visvlees, dat je gemakkelijk kan grillen. Laat je dus niet afschrikken door zijn expressieve en grote kop.

Ingrediënten
(4 personen)

500 g zeeduivelfilet (in lapjes van 60 g)
400 g penne
200 g chorizo (stuk worst, halfdroog of droog)
250 g ricotta
200 g kerstomaten of kleine trostomaten
1 grote ui
1 teentje look
50 g zwarte olijven (ontpit)
4 eetlepels pijnboompitten
½ busseltje basilicum
½ busseltje platte peterselie
1 dl witte wijn
enkele scheutjes fijne olijfolie
peper en zout

EXTRA MATERIAAL
grillpan

Bereiding

- Rooster de pijnboompitten goudbruin in een pannetje. Zet de pitjes opzij.
- Breng een ruime pot water met een snuif zout aan de kook.
- Pel de ui en snij hem in fijne snippers. Pel het teentje look en plet het tot pulp. Verhit een scheutje olijfolie in een stoofpot, op een matig vuur. Stoof er de uisnippers met look in.
- Snij de chorizo in blokjes en laat het vlees enkele minuten meestoven met de uien. Roer regelmatig.
- Hak de zwarte olijven in grove stukken en doe ze in de pan. Blijf roeren.
- Schenk de witte wijn in de pan met ui en chorizo en laat de alcohol weg koken.
- Kook de penne beetgaar (in een minuut minder dan de verpakking vertelt). Hou een schepje van het kookvocht bij.
- Zet de grillpan minstens 10 minuten op een stevig vuur.
- Kruid de zeeduivel met een snuifje zout en wat peper van de molen. Druppel er een beetje olijfolie over en wrijf er de vis mee in.
- Leg de stukken zeeduivel op de gloeiende grillpan. Laat ze 5 minuten onaangeroerd liggen (afhankelijk van de dikte van de stukken vis, dit is voor lapjes van 2 centimeter dik).
- Schep tussendoor de ricotta in de saus met chorizo en roer tot de zachte (en licht korrelige) kaas wegsmelt.
- Snipper de platte peterselie en de basilicum fijn.
- Draai de stukken zeeduivel om: 30 seconden later is de vis gaar.
- Stort de uitgelekte pasta in de pot met saus. Roer er wat van het kookvocht onder en proef. Kruid de saus met peper en zout.
- Voeg de kleine tomaatjes en verse kruiden toe. Roer.
- Stort de penne met saus in een serveerschaal en schik er de gegrilde stukjes zeeduivel op. Werk de bereiding af met de gegrilde pijnboompitjes en wat extra pluksels platte peterselie. Druppel er een beetje olijfolie over.

VARKENSHAASJE MET JAGERSAUS EN KROKETTEN

Bereidingstijd
60 minuten

Een mals gebakken varkenshaasje dat gezelschap krijgt van een stevige jagersaus met wat rode wijn en stukjes paddenstoel: zondagskost pur sang.

Ingrediënten
(4 personen)

700 g varkenshaasje
200 g gerookt spek (dikke snee)
300 g Parijse champignons
150 g zilveruitjes (verse, niet op azijn)
2 blaadjes laurier
1 takje tijm
6 eetlepels bruine fond (naar smaak)
1 dl rode wijn
een snuifje suiker
een flinke eetlepel bloem
een klont malse boter
enkele klontjes boter
peper en zout

VOOR DE AFWERKING
800 g diepvrieskroketten
150 g veldsla
2 eetlepels mayonaise

Verse rundfond?
Het recept vind je in de eerste drie boeken van *Dagelijkse kost*.

EXTRA MATERIAAL
friteuse met arachideolie
aluminiumfolie

Bereiding

VOORBEREIDING

| Laat de boter en het vlees op kamertemperatuur komen.
| Doe de verse zilveruitjes in een schaal warm water en laat ze een halfuurtje weken om ze straks makkelijker te kunnen pellen.
| Verwarm de oven voor op 170 °C.

VARKENSHAASJE MET SAUS

| Pel de zilveruitjes en borstel de paddenstoelen schoon.
| Kruid het varkenshaasje met wat peper van de molen en zout.
| Smelt een klont boter in een hoge pan en bak het vlees 2 minuten aan elke zijde op een matig vuur.
| Leg het varkenshaasje in een ovenschaal en schuif het in de warme oven. Controleer het vlees na 7 minuten. Laat het in totaal 10 tot 12 minuten in de oven staan.
| Wikkel het vlees in aluminiumfolie en laat het 10 minuten rusten.
| Smelt een vers klontje boter in de pan en laat de zilveruitjes enkele minuten in de boter rollen tot ze een goudbruin kleurtje hebben. Strooi er tussendoor een snuifje suiker over.
| Snij de paddenstoelen in kwartjes. Snij het zwoerd van het gerookt spek. (We gebruiken het zwoerd niet.) Snij de dikke lap spek in reepjes. Bak de spekjes in dezelfde pan. Voeg er na een paar minuten de kwartjes Parijse paddenstoelen bij.
| Voeg de rode wijn toe en laat de alcohol verdampen. Doe de laurier en tijm erbij en na enkele minuten ook de rundfond.
| Roer en laat de saus een kwartier pruttelen op een zacht vuur.
| Bereid intussen wat koude roux: kneed een klontje zachte boter samen met een beetje bloem.
| Verwijder de tijm en laurier uit de saus. Schep wat koude roux in de saus en roer met de garde tot er een lichte binding ontstaat.

AFWERKING

| Spoel de veldsla schoon en roer er een beetje mayonaise door.
| Serveer het varkenshaasje in dikke schijfjes met gebakken kroketten.

GEVULDE PASTASCHELPEN IN DE OVEN

Bereidingstijd
75 minuten
(incl. 20 minuten baktijd)

Ingrediënten
(4 personen)

- 200 g pastaschelpen (conchiglioni)
- 3 dikke sneetjes pancetta (0,5 centimeter dik)
- 250 g spinazie
- 2 sjalotten
- ½ rode chilipeper
- 1 teentje look
- 200 g ricotta
- 200 g Parmezaanse kaas
- enkele takjes basilicum
- 800 g tomatenblokjes (blik)
- 70 g tomatenpuree (geconcentreerd)
- een snuif oregano
- 2 dl witte wijn
- een stuk spekzwoerd (eventueel)
- enkele scheutjes olijfolie
- peper en zout

VOOR DE AFWERKING
- extra Parmezaanse kaas (om te raspen)
- 1 bol mozzarella

EXTRA MATERIAAL
- blender
- staafmixer
- zeef
- rasp

Bereiding

- Breng water met een snuif zout aan de kook.
- Snij de pancetta in grove stukken. Bak ze in een scheutje olijfolie enkele minuten in een stoofpot op een matig vuur.
- Schep de pancetta in de beker van de blender. Laat het braadvet in de pot. Hou de pot bij om de sjalot te stoven.
- Maal de pancetta poederfijn in de blender. Voeg de Parmezaanse kaas toe en mix opnieuw. (Bewaar een beetje kaas om de schotel later mee af te werken.)
- Voeg snippers verse basilicum, de ricotta en een scheutje olijfolie toe en laat de blender nog eens draaien.
- Proef en kruid de vulling naar smaak met wat peper van de molen en zout. Mix een laatste keer.
- Kook de schelpen tot ze beetgaar zijn. Spoel ze met koud water.
- Pel de sjalotten en snipper ze grof. Pel de look en snij de teen in stukjes. Stoof de snippers sjalot en look in de pot waarin de pancetta werd gebakken. Roer regelmatig.

Tip: Stoof een stuk zwoerd van gezouten of gerookt spek mee. Dat geeft de tomatensaus extra veel smaak.

- Snipper een stuk rode chilipeper in piepkleine stukjes en laat de rode spikkels even meestoven.
- Voeg de geconcentreerde tomatenpuree toe en roer.
- Voeg na 1 minuut een snuifje gedroogde oregano toe, gevolgd door de witte wijn.
- Laat de alcohol even weg koken en voeg het blik tomatenblokjes toe, samen met een scheut water.
- Roer en kruid de saus naar smaak met zout en laat ze een kwartiertje sudderen op een zacht vuur.
- Stoof de spinazie in een scheut olijfolie in een ruime pan. Doe dat kort en krachtig, waardoor de spinazie zo min mogelijk vocht verliest.
- Kruid de groente met een beetje peper en zout. Schep de spinazie in een grote zeef en druk er zo veel mogelijk vocht uit. Bedek de bodem van een ovenschaal met de spinazie.
- Verwarm de oven voor op 170 °C.
- Vul de uitgelekte en afgekoelde pastaschelpen met de vulling. Schik ze in de ovenschaal, met de opening naar boven.
- Mix de saus glad en schenk ze over de pasta tot ze onder staan.
- Verdeel stukken mozzarella over de schotel en rasp er wat Parmezaanse kaas over. Gaar de pastaschelpen gedurende 20 minuten in de voorverwarmde oven.

CONSOMMÉ VAN OSSENSTAART

Bereidingstijd
260 minuten (basisbouillon, incl. gaartijd)
60 minuten (consommé)

De staart van een rund is continu in actie, al was het maar als vliegenmepper. Het gespierde stuk vlees is de ideale basis voor een soep met geschiedenis. Weet wel: voor een geslaagde, heldere consommé van ossenstaart heb je wat geduld nodig, of tijd: vier uur. Het resultaat is eerlijke 'krachtsoep' die meer dan de moeite waard is.

Ingrediënten
(4 personen)

VOOR DE BOUILLON VAN OSSENSTAART

1 ossenstaart (verkapt door je beenhouwer)
4 dikke wortels
4 preistengels
6 stengels bleekselder
4 uien
4 teentjes look
enkele takjes tijm
een busseltje peterseliestengels
4 blaadjes laurier
2 takjes rozemarijn
15 bolletjes zwarte peper
2 kruidnagels
3 liter water

VOOR DE CONSOMMÉ EN DE AFWERKING

200 g rundergehakt
6 eieren
1 dikke wortel
¼ knolselder
½ courgette
80 g erwtjes (vers of diepgevroren)
1 busseltje fijne kervel

Bereiding

VOORBEREIDING

- Kook het neteldoek in water. Was zo'n doek nooit met een geparfumeerd wasmiddel.

BOUILLON VAN OSSENSTAART

- Versnij de uien, de wortels, de stammen prei en de stengels selder in grove stukken. Doe alle stukken in een ruime stoofpot.
- Kneus de tenen look. Bind de tijm, de rozemarijn, de blaadjes laurier en de peterseliestelen met een keukentouw samen tot een kruidentuil.
- Kneus de peperbollen en de kruidnagels in de vijzel.
- Schenk water over de pot vol groenten en breng de bouillon aan de kook op een zacht vuur.
- Voeg na een kwartier de stukken ossenstaart toe.
- Plaats het deksel op de pot. Kook de bouillon tot het vlees van de staart mals is en loslaat van het bot.
- Laat de pot sudderen op een zacht vuur en reken daarvoor een gaartijd van 4 uur.

HELDERE CONSOMMÉ

- Schep de stukken vlees (met bot) uit de troebele bouillon en zet ze opzij. Laat het vlees wat afkoelen. Intussen kan je de bouillon 'klaren' tot het een consommé wordt.
- Scheid de eieren zorgvuldig. Verzamel de eiwitten in de beker van de blender. (De dooiers gebruiken we niet. Hou ze bij om er later een andere bereiding mee te maken.)
- Doe het rundergehakt in de blender en kruid met voldoende peper en een snuifje zout.

40 g tomatenpuree
(geconcentreerd,
in blik)
peper en zout

EXTRA MATERIAAL
2 ruime stoofpotten of
soepketels
vijzel
neteldoek
grote zeef
blender

| Proef de bouillon om in te schatten hoeveel peper er ontbreekt. Het is eleganter om later geen gemalen peper toe te voegen aan de heldere consommé.
| Doe de geconcentreerde tomatenpuree in de beker van de blender. Plaats het deksel erop en mix de ingrediënten tot een papje. Dat is je clarif.
| Neem een lege soepketel en plaats er een grote zeef in. Zeef de bouillon van ossenstaart. De uitgekookte groenten die achterblijven in de zeef gooi je weg.
| Breng de gezeefde bouillon aan de kook op een matig vuur.
| Schep de clarif in de bouillon en roer dadelijk met de garde. Het eiwit zal meteen stollen en tijdens het koken de bouillon zuiveren. Alle 'onreinheden' zullen zich verzamelen in een dikke eiwitkoek die bovenaan de pot drijft.
| Laat de bouillon 20 minuten koken op een zacht vuur, terwijl er zich een bruisend vulkaantje vormt waarbij de clarif zijn verhelderend werk doet.
| Schil het stuk knolselder en snij het in piepkleine blokjes (brunoise).
| Schil de wortel en snij de peen in extra kleine blokjes.
| Doe hetzelfde met de courgette, al hoef je die vooraf niet te schillen. Zet de fijne stukjes groente nog even opzij.
| Pluk de brokjes mager vlees van de stukken ossenstaart. (Te grote stukken vet hoef je niet bij te houden, net zomin als het vliesje dat rond het vlees zit.) Verzamel de stukjes draadjesvlees in een schaaltje.
| Neem het neteldoek en maak het even vochtig.
| Zet een grote pot naast de pot met consommé. Plaats er de zeef in en drapeer daarin het neteldoek.
| Schep de consommé in de zeef en wring op het einde het neteldoek voorzichtig uit. Nu hou je een pot vol heldere soep over. De inhoud van het neteldoek gooi je weg.
| Breng de geklaarde consommé zacht aan de kook. Doe de stukjes knolselder en wortel in de soep, even later gevolgd door de zachte blokjes courgette.
| Voeg de diepvrieserwten toe en gaar de groenten in enkele minuten. Proef de consommé en voeg naar smaak extra zout toe.
| Meng de stukjes ossenstaartvlees doorheen de soep en serveer kort nadien.
| Strooi wat gescheurde (of fijn gesneden) kervelpluksels in de borden of de terrine waarin je serveert.

REGISTER VAN DAGELIJKSE KOST ❶, ❷, ❸, ❹, ❺

Snel op zoek naar een recept aan de hand van een van de hoofdingrediënten? Dit register biedt een beknopt overzicht van de gerechten uit de vijf boeken van *Dagelijkse kost*. Voor een volledig overzicht kan je altijd terecht op www.een.be/dagelijkse-kost.

AARDAPPEL
- ❶ Varkenskotelet met wortelstoemp en pickles 8
- ❶ Kabeljauw, preistoemp en beurre blanc van witbier 70
- ❶ Zeeduivel, geplette aardappel, andijvie en bacon 106
- ❶ Hutsepot van spruitjes en rookworst 140
- ❶ Stoofvlees met friet 176
- ❷ Aardappelsoep met gerookte zalm & peterseliecoulis 6
- ❷ Winterse sla met oesterzwammen 22
- ❷ Gehaktschotel 'parmentier' 38
- ❷ Gebakken zalm met spinaziepuree en mosterdsaus 44
- ❷ Gevulde aardappelen 48
- ❷ Zure haring met aardappelsla 56
- ❷ Luikse salade 86
- ❷ Zeeduivel met puree van tomatenpesto, rucola en Parmezaanse kaas 148
- ❷ Salade van kikkererwten, aardappelen en ansjovis 160
- ❷ Salade niçoise met verse tonijn 178
- ❸ Lamsbout in de oven, gratin dauphinois en boontjes 66
- ❸ Gelakte spiering met aardappelsalade 104
- ❸ Gepaneerde pladijsfilets en lauwe aardappelsalade 146
- ❸ Boerenworst met mosterdpuree en gebakken ui 20
- ❹ Aardappeltaart met gouda en tijm 26
- ❹ Lamskroon met kruidenkorstje en gebakken shiitake's 28
- ❹ Cordon bleu met kropsla en aardappelen 32
- ❹ Tarbot met geitenkaaspuree en groentevinaigrette 60
- ❹ Courgetteschotel met aardappel, salie, ui en taleggiokaas 62
- ❹ Moussaka 70
- ❹ Rode poon met fijne groentjes, beurre blanc en puree met olijfolie 92
- ❹ Gebakken rog met geplette aardappel en kruiden 122
- ❹ Classic BLT sandwich en aardappelchips 186
- ❺ Fazant met cognacsaus, wintergarnituur en kroketten 10
- ❺ Kipfilet met dragonsaus, boontjes en gebakken aardappelen 22
- ❺ Fish sticks met tartaarsaus en spinaziepuree 54
- ❺ Orloffgebraad met witloofroom en kroketten 86
- ❺ Worst met uienpuree en mosterd 144
- ❺ Aardappel-selderseop met visballetjes 150
- ❺ Een smeus 166
- ❺ Varkenshaasje met jagersaus en kroketten 192

AARDBEI
- ❸ Verloren brood met verse aardbeien 86
- ❹ Roomdessert met verse aardbeien en meringue 176
- ❺ Koele rabarbersoep met aardbeien en citroensorbet 36

AARDBEIENCONFITUUR
- ❺ Confituurrol 98

AMANDEL
- ❶ Fruitsalade van peer met sabayon en amandelcrumble 46
- ❶ Amandel-perentaart 86
- ❶ Panna cotta van yoghurt, verse ananas en amandel 74
- ❺ Amandelbiscotti en een exotische smoothie 188

ANANAS
- ❶ Panna cotta van yoghurt, verse ananas en amandel 74
- ❷ Salade met kippenreepjes en gepickelde ananas 104

ANDIJVIE
- ❶ Risotto van vergeten groenten 78
- ❶ Zeeduivel, geplette aardappel, andijvie en bacon 106

ANSJOVIS
- ❶ Pasta alla puttanesca 110
- ❷ Salade van kikkererwten, aardappelen en ansjovis 160
- ❷ Salade niçoise met verse tonijn 178

APPEL
- ❶ Verloren brood met appel en speculaas 30
- ❶ Witloofslaatje met appel, walnoot, oude kaas en spekjes 34
- ❶ Tartaar van rode biet, appel en gerookte paling met mierikswortel 62
- ❷ Kip met appelmoes 156
- ❸ Appelkruimeltaart met slagroom 6
- ❸ Appelbeignets 46
- ❸ Appelstrudel 50
- ❹ Honingcake met appel 14
- ❹ Gevulde appels met zwarte pens 78
- ❹ Waldorfsalade 90
- ❹ Salade van biet, appel, haring en gebakken roggebroodkruimels 108
- ❺ Dikke toast met brie, waterkers en een pickle van ui en appel 50
- ❺ Muffins met appel 70
- ❺ Een bruine boterham met salade van zalm, selder en appel 82

ASPERGE (GROENE)
- ❸ Vegetarisch stoofpotje 70
- ❹ Aspergesalade met jalapeñosalsa en postelein 168

ASPERGE (WITTE)
- ❸ Asperges op Vlaamse wijze 84
- ❸ Zwaardvis en witte asperges 94
- ❸ Aspergesoep met croutons en gerookte zalm 116
- ❹ Spaghetti carbonara met asperges en zeekraal 150
- ❹ Witte asperges, gerookte zalm en hollandaisesaus 158
- ❹ Aspergesalade met jalapeñosalsa en postelein 168

AUBERGINE
- ❶ Bladerdeegtaartje met geroosterde groenten en mozzarella 138
- ❸ Côte à l'os, aubergines en primeuraardappeltjes 88
- ❹ Vegetarische groenteschotel met pecorino 22
- ❹ Moussaka 70
- ❹ Thaise curry met rundvlees, broccoli en aubergine 74
- ❹ Kruidige aubergine en een slaatje met buffelmozzarella 120
- ❹ Linguine met aubergine, radicchio, olijven en pecorino 160
- ❺ Cannelloni van aubergine 44

AVOCADO
- ❷ Bruschetta met guacamole, tomaat en gerookte sprot 72
- ❸ Tartaar van zalm met avocado en komkommer 160
- ❺ Rijstsalade met gerookte makreel, avocado en cocktaildressing 58

BANAAN
- ❶ Loempia van banaan met chocoladesaus 142
- ❹ Wentelteefjes met kaneel en banaan 118

BLOEMKOOL
- ❶ Bloemkoolsoep met grijze garnalen en waterkers 50
- ❸ Bloemkoolgratin met gehakt en puree 80
- ❹ Salade van gegrilde bloemkool met kip en sesamvinaigrette 130
- ❺ Frittata met bloemkool, spinazie en feta 182

BOON
- ❸ Salade van witte bonen met sint-jakobsnootjes en gedroogde ham 36
- ❸ Vegetarisch stoofpotje 70
- ❺ Chili No Carne 152

BOSBES
- ❺ Simpel gebakken bosvruchtentaart 52

BRAAMBES
- ❺ Simpel gebakken bosvruchtentaart 52

BROCCOLI
- ❶ Broccolisoep met kruidenkaas en ham 144
- ❸ Vegetarische taart met broccoli 140
- ❹ Tagliatelle met groene groenten en blauwe kaas 6
- ❹ Thaise curry met rundvlees, broccoli en aubergine 74

BULGUR
- ❸ Groentebulgur met saffraanaioli 178

CHAMPIGNON
- ❶ Toast champignon 38
- ❶ Sint-jakobsnootjes met zwarte pens, bospaddenstoelen en een knolseldersoepje 96
- ❶ Wildragout, witloof, paddenstoelen en veenbessen 126
- ❷ Linguine met kippenlevertjes en paddenstoelen 32
- ❸ Tortelloni met champignons en salie 14
- ❹ Vegetarische groenteschotel met pecorino 22
- ❹ Spaghetti met worst, spekjes en champignons 34
- ❹ Vegetarische empanada's 54
- ❹ Risotto met boschampignons 68
- ❹ Champignonsoep met kaasstengels 86
- ❹ Vispannetje met koolvis, zalm en garnalen 96
- ❹ Dikke omelet met spekjes, champignons en kaas 144

CHOCOLADE
- ❶ Moelleux van chocolade 10
- ❶ Chocolademousse met vanillesaus 100
- ❶ Profiteroles met ijs en chocoladesaus 130
- ❶ Loempia van banaan met chocoladesaus 142
- ❷ Witte chocolademousse, mango en passievrucht 128
- ❸ Chocolate chip cookies 42
- ❹ Boterhammen met choco 138
- ❺ Trifle van rood fruit, mascarpone en witte chocolade 84
- ❺ Een gemakkelijke kerstbûche 122

CHORIZO
- ❶ Venkelsoep met saffraan en Spaanse chorizo 32
- ❸ Pizza met chorizo, rucola en pikante olie 100
- ❸ Paprikasoep met kruidenkaas en chorizoballetjes 144
- ❸ Rijstkroketjes met chorizo en kruidenmayonaise 162
- ❺ Scampi met chorizo en trostomaten 60
- ❺ Pappardelle met gegrilde kip en chorizo 116
- ❺ Gegrilde zeeduivel met chorizo, ricotta en penne 190

CITROEN
- ❹ Frisse citroentaart 152

COURGETTE
- ❶ Macaroni met tonijn, courgette en kaassaus 28
- ❶ Bladerdeegtaartje met geroosterde groenten en mozzarella 138
- ❷ Courgette gevuld met geitenkaas en warme tomatenvinaigrette 42
- ❸ Pasta met snijbonen, courgette en salsa verde 136
- ❹ Vegetarische groenteschotel met pecorino 22
- ❹ Courgetteschotel met aardappel, salie, ui en taleggiokaas 62

COUSCOUS
- ❶ Scampi met tabouleh en korianderpesto 14
- ❸ Zoetzure wortelsalade met couscous 20
- ❸ Zeebaars met couscous 76
- ❸ Rundbrochettes, couscous en frisse plattekaassaus 138
- ❹ Groentestoofpot, couscous en koude kruidensaus 178
- ❺ Tabouleh met lamsgehakt en kruiden 104

DADEL
- ❺ Winterse salade met brokkelkaas, dadels en spek 130

DAIKON
- ❺ Krabsalade met mango, daikon en wasabimayonaise 112

EEND
- ❷ Noedelsalade met gemarineerde eend 52

EI
- ❸ Tortilla met ui en paprika 22
- ❹ Dikke omelet met spekjes, champignons en kaas 144
- ❹ Spaghetti carbonara met asperges en zeekraal 150
- ❺ Koude schotel 88
- ❺ Een smeus 166

ERWT
- ❶ Vegetarische curry 56
- ❸ Varkensgebraad met erwten en wortelen 150
- ❸ Sint-jakobsnootjes met erwtenrisotto 172
- ❺ Wortelsoep met erwtenpesto 26

FAZANT
- ❺ Fazant met cognacsaus, wintergarnituur en kroketten 10

FOREL
- ❸ Forel met kruidenboter, gebakken aardappelen en waterkers 176

FRAMBOOS
- ❷ Gemberlimonade en frambozencocktail 170
- ❷ Millefeuille met mascarpone en frambozen 190
- ❺ Simpel gebakken bosvruchtentaart 52

GARNAAL
- ❶ Bloemkoolsoep met grijze garnalen en waterkers 50
- ❶ Garnalencocktail 76
- ❶ Tomatensoep met garnaal en Rodenbach 124
- ❸ Tomaat-garnaal 142

201

❹ Vispannetje met koolvis, zalm en garnalen 96
❺ Romige vissoep met onze garnalen 68 ⊗
❺ Een smeus 166 ⊗

GEHAKT
❶ Gehaktbrood met uiensaus, kropsla en gekookte aardappelen 16
❶ Ballekes met seldersaus 68
❶ Gehakt in pakjes 168
❷ Penne al forno met balletjes en mozzarella 8
❷ Gehaktschotel 'parmentier' 38
❷ Doe-het-zelf blinde vink met sperzieboontjes 50
❷ Cheeseburger met bacon en verse ketchup 106
❷ Vogelnestjes 140
❸ Balletjes met krieken en bruin brood 54
❸ Bloemkoolgratin met gehakt en puree 80
❹ Hamburgers met gerookt spek en geroosterde groenten 104
❹ De enige echte balletjes in tomatensaus 140
❺ Groenten vol gehakt 38
❺ Spaghetti bolognaise 48
❺ Juliennesoep met balletjes 92
❺ Zweedse balletjes 108
❺ Macaronischotel met drie kazen, gehakt en savooi 146

GRIESMEEL
❺ Griesmeelpap met citrusvruchten en crumble 162

GROENE KOOL
❶ Gehakt in pakjes 168

HAM
❶ Witloof in de oven 54
❶ Pompoensoep met geitenkaas en zwarte-woudham 64 ⊗
❶ Quiche met witloof, ham en cheddar 186
❷ Macaroni met ham en kaas 112
❸ Salade van witte bonen met sint-jakobsnootjes en gedroogde ham 36 ⊗
❸ Salade met rauwe ham en meloensalsa 134
❹ Topcroque-madame 110
❹ Spaghetti carbonara met asperges en zeekraal 150
❹ Tomaat gevuld met zelfgemaakte vleessla 166

HARING
❷ Zure haring met aardappelsla 56
❹ Salade van biet, appel, haring en gebakken roggebroodkruimels 108

HAVERMOUT
❶ Muesli met yoghurt en vers fruit 152
❸ Chocolate chip cookies 42
❹ Vanillecrème met rabarbercompote en havermoutcrumble 156

HERT
❶ Wildragout, witloof, paddenstoelen en veenbessen 126

HONDSHAAI
❸ Stoofpotje van hondshaai 56 ⊗

INKTVIS
❶ Calamares fritti met limoen-lookmayonaise 148
❸ Capellini met inktvis, tomaat en look 156 ⊗

KAAS
❶ Witloofslaatje met appel, walnoot, oude kaas en spekjes 34 ⊗
❶ Pompoensoep met geitenkaas en zwarte-woudham 64 ⊗

❶ Lauwe herfstsla met kip, croutons en blauwe kaas 104
❶ Broccolisoep met kruidenkaas en ham 144
❶ Quiche met witloof, ham en cheddar 186
❷ Salade van rode biet, veldsla en feta 28
❷ Courgette gevuld met geitenkaas en warme tomatenvinaigrette 42
❷ Macaroni met ham en kaas 112
❷ Gazpacho van tomaat, watermeloen en geitenkaas 120
❸ Paprikasoep met kruidenkaas en chorizoballetjes 144
❸ Salade met gegrilde peren, blauwe kaas en walnoten 158
❸ Salade met rode bietjes, spek en zachte kaas 170
❸ Preitaart met blauwe kaas en tijm 192
❸ Tagliatelle met groene groenten en blauwe kaas 6
❹ Crème van geitenkaas met gemarineerde groenten 8 ⊗
❹ Vegetarische groenteschotel met pecorino 22
❹ Aardappeltaart met gouda en tijm 26 ⊗
❹ Wortelsoep met kruidige kaasballetjes 38
❹ Tarbot met geitenkaaspuree en groentevinaigrette 60 ⊗
❹ Courgetteschotel met aardappel, salie, ui en taleggiokaas 62
❹ Champignonsoep met kaasstengels 86
❹ Orecchiette met spinazie en drie kazen 106
❹ Topcroque-madame 110
❹ Spinaziesalade met geitenkaas, quinoa en gebakken shiitake's 112
❹ Kaaskroketten 134
❹ Dikke omelet met spekjes, champignons en kaas 144 ⊗
❹ Linguine met aubergine, radicchio, olijven en pecorino 160
❺ Koude pastasalade met spek en feta 42
❺ Dikke toast met brie, waterkers en een pickle van ui en appel 50
❺ Geitenkaaskroketten met komkommersalade 64
❺ Winterse salade met brokkelkaas, dadels en spek 130 ⊗
❺ Macaronischotel met drie kazen, gehakt en savooi 146
❺ Volkorenspaghetti met rode ui, spinazie en blauwe kaas 154
❺ Griekse pasta met milde paprikaharissa en geitenkaas 156
❺ Croque met verse zalm en geitenkaas 180
❺ Frittata met bloemkool, spinazie en feta 182 ⊗

KABELJAUW
❶ Kabeljauw, preistoemp en beurre blanc van witbier 70

KALFSVLEES
❶ Kalfsvlees alla Milanese 150
❷ Ossobuco met pasta 68 ⊙
❸ Vitello tonnato 164 ⊗ ⊙
❹ Kalfslapje met tomaten en mozzarella 18
❹ Gebakken kalfslever in maderasaus met sjalot 98
❺ Kalfstong in madeirasaus 94

KALKOEN
❸ Kalkoenrollade 24 ⊗

KERVEL
❺ Kervelsoep met witte pens 174

KERVELWORTEL
❶ Risotto van vergeten groenten 78 ⊗

KIKKERERWT
❷ Salade van kikkererwten, aardappelen en ansjovis 160 ⊗ ⊙
❹ Stoofpot van kikkererwten met spinazie en Spaanse picada 80 ⊙
❺ Groentestoofpot met kikkererwten en pesto 76

202

KIP
- ❶ Sandwich van kip, bacon, Romeinse sla en komkommer 20
- ❶ Spaghetti met kip en shiitake's 60
- ❶ Vol-au-vent 80
- ❶ Lauwe herfstsla met kip, croutons en blauwe kaas 104
- ❶ Caesarsalade met kip 164
- ❷ Linguine met kippenlevertjes en paddenstoelen 32
- ❷ Gentse waterzooi 46
- ❷ Stoofpotje van kip met geuze 3 Fonteinen 60
- ❷ Salade met kippenreepjes en gepickelde ananas 104
- ❷ Thaise rode curry met kip 120
- ❷ Kippensoep met lettertjes 122
- ❷ Kip met appelmoes 156
- ❸ Preisoep met bruschetta en kip 40
- ❸ Kippenblokjes met groenten en currysaus 82
- ❸ Dürüm met kip en pittige dip 194
- ❹ Tomatenroomsoep met kip en dragon 76
- ❹ Buffalo chicken wings met selderstengels en pittige barbecuesaus 100
- ❹ Salade van gegrilde bloemkool met kip en sesamvinaigrette 130
- ❹ Gegrilde kippenbrochettes met paprikaboter en gebakken rijst 146
- ❺ Kipfilet met dragonsaus, boontjes en gebakken aardappelen 22
- ❺ Groentewok met kip in kokosmelk 72
- ❺ Pappardelle met gegrilde kip en chorizo 116
- ❺ Salade met gemarineerde kip en sesam 142
- ❺ Tortillawrap met krokante kip 170

KNOLSELDER
- ❶ Sint-jakobsnootjes met zwarte pens, bospaddestoelen en een knolseldersoepje 96
- ❷ Club sandwich met gegrilde steak (en knolselderremoulade) 58
- ❺ Knolseldersoep met witbier 100

KOMKOMMER
- ❶ Sandwich van kip, bacon, Romeinse sla en komkommer 20
- ❶ Zalmburger met komkommersalade en salsa verde 42
- ❸ Satés van varkensvlees met pindasaus (en komkommersalade) 32
- ❸ Tartaar van zalm met avocado en komkommer 160
- ❹ Groene gazpacho met komkommerravioli 188
- ❺ Geitenkaaskroketten met komkommersalade 64

KONIJN
- ❶ Konijn met pruimen en witloofsla 84
- ❶ Satés van konijn met een mangodip 118
- ❸ Konijnrollades met rijstsalade 112
- ❹ Penne met ragout van konijn 162
- ❺ Tajine van konijn 32

KOOLVIS
- ❷ Vissla voor op de boterham 20
- ❹ Vispannetje met koolvis, zalm en garnalen 96

KRAB
- ❹ Krabburgers met lavasmayonaise 84
- ❺ Krabsalade met mango, daikon en wasabimayonaise 112

KRIEK
- ❸ Balletjes met krieken en bruin brood 54

LAMSVLEES
- ❶ Tajine met lamsschouder, groenten, koriander en munt 24
- ❶ Koftas hara masala 158
- ❷ Lamskebab 132
- ❸ Lamsnavarin 60
- ❸ Lamsbout in de oven, gratin dauphinois en boontjes 66
- ❹ Lamskroon met kruidenkorstje en gebakken shiitake's 28
- ❹ Moussaka 70
- ❺ Tabouleh met lamsgehakt en kruiden 104

LINZE
- ❹ Maaltijdsoep met linzen 16

MAIS
- ❸ Koude pastasalade met mais en tonijn 130
- ❹ Chowder met venusschelpen en mais 174

MAKREEL
- ❶ Rillettes van gerookte makreel met lookbroodjes 132
- ❺ Rijstsalade met gerookte makreel, avocado en cocktaildressing 58

MANGO
- ❶ Satés van konijn met een mangodip 118
- ❷ Witte chocolademousse, mango en passievrucht 128
- ❺ Krabsalade met mango, daikon en wasabimayonaise 112

MASCARPONE
- ❷ Tiramisutaart 34
- ❷ Millefeuille met mascarpone en frambozen 190
- ❺ Tiramisu met peer 6
- ❺ Trifle van rood fruit, mascarpone en witte chocolade 84

MECHELSE KOEKOEK
- ❸ Koekoek-au-vin 52

MELOEN
- ❸ Salade met rauwe ham en meloensalsa 134

MOSSEL
- ❸ Tongschar à l'Ostendaise 166
- ❹ Mosselen in de wok 12

MOZZARELLA
- ❶ Croque met sardines, paprika en mozzarella 48
- ❶ Bladerdeegtaartje met geroosterde groenten en mozzarella 138
- ❷ Penne al forno met balletjes en mozzarella 8
- ❷ Carpaccio van Cœur de Bœuf-tomaten met mozzarella en salsa verde 136
- ❹ Kalfslapje met tomaten en mozzarella 18
- ❹ Kruidige aubergine en een slaatje met buffelmozzarella 120
- ❹ Pappa al pomodoro met mozzarella en basilicum 170

NOEDELS
- ❶ Tonijnsteak, rijstnoedels en een Thaise dressing 154
- ❷ Noedelsalade met gemarineerde eend 52
- ❸ Wok met rundvlees, groenten en noedels 8
- ❸ Noedelsoep met rundvlees 92
- ❺ Spicy noedels met gebakken tofoe 62
- ❺ Tataki van gegrild rundvlees met noedelsalade 30

OESTER
- ④ Gegratineerde oesters met gestoofde prei 64 ⊗
- ⑤ Oesters, warm en koud 126

OESTERZWAM
- ① Groenteloempia's met zoetzure saus 36 🌱
- ② Winterse sla met oesterzwammen 22 ⊗

OLIJF
- ④ Linguine met aubergine, radicchio, olijven en pecorino 160

PALING
- ① Tartaar van rode biet, appel en gerookte paling met mierikswortel 62

PANCETTA
- ① Spaghetti met pancetta, kerstomaat en rucola 6
- ② Penne met spinazie en pancetta 162
- ③ Fettuccine met prei en pancetta 26
- ⑤ Spaghetti bolognaise 48
- ⑤ Gevulde pastaschelpen in de oven 194

PAPRIKA
- ① Bladerdeegtaartje met geroosterde groenten en mozzarella 138
- ② Groenterolletjes met een pittige dip 124 ⊗ 🌱
- ② Salade met Griekse pasta en gegrilde paprika 184
- ③ Tortilla met ui en paprika 22 ⊗
- ③ Vegetarisch stoofpotje 70 ⊗
- ③ Paprikasoep met kruidenkaas en chorizoballetjes 144
- ④ Vegetarische groenteschotel met pecorino 22
- ④ Gegrilde kippenbrochettes met paprikaboter en gebakken rijst 146 ⊗
- ⑤ Griekse pasta met milde paprikaharissa en geitenkaas 156

PASSIEVRUCHT
- ② Witte chocolademousse, mango en passievrucht 128 ⊗

PASTINAAK
- ① Risotto van vergeten groenten 78 ⊗
- ③ Pastinaaksoep met gremolata 30 ⊗
- ⑤ Zalm, pastinaakstoemp en beurre blanc 134 ⊗

PETIT-BEURREKOEK
- ⑤ Vanillepudding met petit-beurrekoekjes 18

PEER
- ① Fruitsalade van peer met sabayon en amandel-crumble 46
- ① Amandel-perentaart 86
- ③ Salade met gegrilde peren, blauwe kaas en walnoten 158
- ⑤ Tiramisu met peer 6
- ⑤ Gepocheerde peer met sabayon en vanille-ijs 28

PITABROOD
- ⑤ Pita-pizza's 80

PIETERMAN
- ③ Pieterman met geplette aardappel en sjalottenvinaigrette 188 ⊗

PLADIJS
- ① Pladijs met tartaarsaus en puree 12
- ③ Gepaneerde pladijsfilets en lauwe aardappelsalade 146
- ⑤ Pladijs met geplette aardappelen & postelein 148

PLATTEKAAS
- ① Kaastaart met koffie-aroma 58
- ③ Rundbrochettes, couscous en frisse plattekaassaus 138
- ③ Plattekaasmousse met vers fruit 186 ⊗

POLENTA
- ③ Chipolata met polenta 98

POMPOEN
- ① Pompoensoep met geitenkaas en zwarte-woudham 64 ⊗
- ⑤ Soep van geroosterde pompoen 106 ⊗

POSTELEIN
- ② Winterse sla met oesterzwammen 22 ⊗
- ④ Aspergesalade met jalapeñosalade en postelein 168 ⊗ 🌱

PREI
- ① Groenteloempia's met zoetzure saus 36 🌱
- ① Kabeljauw, preistoemp en beurre blanc van witbier 70
- ③ Fettuccine met prei en pancetta 26
- ③ Preisoep met bruschetta en kip 40
- ③ Preitaart met blauwe kaas en tijm 192
- ④ Gegratineerde oesters met gestoofde prei 64 ⊗

PRINSESSENBOON (SPERZIEBOON)
- ① Vegetarische curry 56 ⊗ 🌱
- ② Doe-het-zelf blinde vink met sperzieboontjes 50
- ② Luikse salade 86
- ② Salade niçoise met verse tonijn 178 🌱
- ③ Lamsbout in de oven, gratin dauphinois en boontjes 66
- ③ Spaghetti niçoise 148 🌱
- ⑤ Kipfilet met dragonsaus, boontjes en gebakken aardappelen 22

PRUIM
- ① Konijn met pruimen en witloofsla 84

QUINOA
- ④ Spinaziesalade met geitenkaas, quinoa en gebakken shiitake's 112

RABARBER
- ② Rabarbertaart 152
- ④ Vanillecrème met rabarbercompote en havermoutcrumble 156
- ⑤ Koele rabarbersoep met aardbeien en citroen-sorbet 36 🌱

RADICCHIO
- ② Winterse sla met oesterzwammen 22 ⊗
- ④ Linguine met aubergine, radicchio, olijven en pecorino 160

RICOTTA
- ③ Cannelloni met ricotta en spinazie 12
- ③ Ricottataartjes met spinazie 48 ⊗
- ⑤ Penne met kerstomaat, ricotta en rucolapesto 102
- ⑤ Lasagne met gegrilde groenten 138
- ⑤ Gegrilde zeeduivel met chorizo, ricotta en penne 190
- ⑤ Gevulde pastaschelpen in de oven 194

RIJST
- ① Nasi goreng met varkensblokjes 40 ⊗ 🌱
- ① Risotto van vergeten groenten 78 ⊗
- ② Rijst met varkensvlees en peterseliepesto 176
- ③ Vanillerisotto 34 ⊗
- ④ Konijnrollades met rijstsalade 112
- ⑤ Rijstkroketjes met chorizo en kruidenmayonaise 162

❸ Sint-jakobsnootjes met erwtenrisotto 172
❹ Risotto met boschampignons 68
❹ Gegrilde kippenbrochettes met paprikaboter en gebakken rijst 146 ⊗
❺ Rijstsalade met gerookte makreel, avocado en cocktaildressing 58
❺ Rijsttaartjes 114

RIVIERKREEFT
❺ Tartaar van rivierkreeft in rundscarpaccio 8

RODE BIET
❶ Tartaar van rode biet, appel en gerookte paling met mierikswortel 62
❷ Salade van rode biet, veldsla en feta 28
❸ Salade met rode bietjes, spek en zachte kaas 170
❹ Salade van biet, appel, haring en gebakken roggebroodkruimels 108

RODEKOOL
❶ Worst met rodekool 184

RODE POON
❶ Poon met pestopuree en kerstomaatjes uit de oven 172 ⊗
❹ Rode poon met fijne groentjes, beurre blanc en puree met olijfolie 92 ⊗

ROG
❶ Rog met kappertjes en peterselieaardappelen 52
❹ Gebakken rog met geplette aardappel en kruiden 122

RUCOLA
❶ Spaghetti met pancetta, kerstomaat en rucola 6
❷ Spaghetti met truffelpasta, rucola en pecorino 94
❷ Salade niçoise met verse tonijn 178 ⊗
❸ Pizza met chorizo, rucola en pikante olie 100
❺ Penne met kerstomaat, ricotta en rucolapesto 102

RUNDVLEES
❶ Stoofvlees met friet 176
❶ Onglet à l'échalotte met waterkers en pommes allumettes 188 ⊗
❷ Doe-het-zelf blinde vink met sperzieboontjes 50
❷ Club sandwich met gegrilde steak (en knolselderremoulade) 58
❷ Goulash met jenever 84
❷ Steak tartare met frietjes 168
❷ Rosbief met ratatouille en aardappeltjes uit de oven 172 ⊗
❷ Wok met rundvlees, groenten en huisgemaakte woksaus 182 ⊗
❸ Wok met rundvlees, groenten en noedels 8 ⊗
❸ Rundvlees met wintergroenten, gesmoord in bier 28
❸ Gemarineerde rosbief 72 ⊗
❸ Côte à l'os, aubergines en primeuraardappeltjes 88 ⊗ ⊗
❸ Noedelsoep met rundvlees 92 ⊗
❸ Verrassingsbrood met rosbief en groenten 124
❸ Rundbrochettes, couscous en frisse plattekaassaus 138
❹ Maaltijdsoep met linzen 16 ⊗
❹ Thaise curry met rundvlees, broccoli en aubergine 74 ⊗ ⊗
❹ Goulashsoep 116
❹ Gesmoorde runderwangen in rode wijn 124
❺ Tartaar van rivierkreeft in rundscarpaccio 8
❺ Biefstuk-friet met verse bearnaisesaus en sla 14 ⊗
❺ Tataki van gegrild rundvlees met noedelsalade 30 ⊗
❺ Consommé van ossenstaart 196

SARDINE
❶ Croque met sardines, paprika en mozzarella 48
❸ Sardines 108 ⊗

SAVOOIKOOL
❹ Varkenskroon met savooikool, spekjes en sjalottenjus 50
❺ Macaronischotel met drie kazen, gehakt en savooi 146

SCAMPO
❶ Scampi met tabouleh en korianderpesto 14
❷ Scampi diabolique 80 ⊗
❸ Eenvoudig vissoepje met scampi 18
❸ Scampi tandoori met wortelsalade 44
❸ Tagliatelle met scampi, tomaat en groene kruiden 62 ⊗
❹ Scampi fritti met een lookdipsaus 36
❺ Scampi met chorizo en trostomaten 60
❺ Linguine met scampi, venkel en kerstomaat 172 ⊗

SCHELVIS
❶ Viskoekjes met seldersalsa 66
❹ Vistaart met schelvis 46
❺ Fish sticks met tartaarsaus en spinaziepuree 54

SCHORSENEER
❷ Kotelet met schorseneren in witte saus 24

SELDER
❶ Viskoekjes met seldersalsa 66
❶ Ballekes met seldersaus 68
❹ Vegetarische groenteschotel met pecorino 22
❹ Waldorfsalade 90 ⊗
❹ Buffalo chicken wings met selderstengels en pittige barbecuesaus 100 ⊗
❺ Een bruine boterham met salade van zalm, selder en appel 82
❺ Aardappel-seldersoep met visballetjes 150 ⊗

SHIITAKE
❶ Spaghetti met kip en shiitake's 60
❹ Lamskroon met kruidenkorstje en gebakken shiitake's 28
❹ Spinaziesalade met geitenkaas, quinoa en gebakken shiitake's 112

SINT-JAKOBSNOOT
❶ Sint-jakobsnootjes met zwarte pens, bospaddenstoelen en een knolseldersoepje 96
❸ Salade van witte bonen met sint-jakobsnootjes en gedroogde ham 36 ⊗
❸ Sint-jakobsnootjes met erwtenrisotto 172
❺ Carpaccio van sint-jakobsvruchten 160 ⊗

SLA
❶ Gehaktbrood met uiensaus, kropsla en gekookte aardappelen 10
❶ Sandwich van kip, bacon, Romeinse sla en komkommer 20
❶ Lauwe herfstsla met kip, croutons en blauwe kaas 104
❶ Caesarsalade met kip 164
❷ Winterse sla met oesterzwammen 22 ⊗
❷ Salade van rode biet, veldsla en feta 28
❷ Slasoep met balletjes 78
❹ Cordon bleu met kropsla en aardappelen 32
❹ Winterse coleslaw met gelakt spek en witloof 42
❹ Kruidige aubergine en een slaatje met buffel-mozzarella 120

❹ Salade van gegrilde bloemkool met kip en
   sesamvinaigrette 130
❹ Salade met zeebarbeel, croutons en mosterd-
   vinaigrette 182
❹ Classic BLT sandwich en aardappelchips 186
❺ Salade met gemarineerde zalm en milde currysaus 118
❺ Winterse salade met brokkelkaas, dadels en spek 130
❺ Salade met gemarineerde kip en sesam 142

SNIJBOON
❸ Pasta met snijbonen, courgette en salsa verde 136

SPECULAAS
❶ Verloren brood met appel en speculaas 30

SPEK
❶ Sandwich van kip, bacon, Romeinse sla en
   komkommer 20
❶ Witloofslaatje met appel, walnoot, oude kaas en
   spekjes 34
❶ Zeeduivel, geplette aardappel, andijvie en bacon 106
❷ Spaghetti alla carbonara 62
❷ Luikse salade 86
❷ Cheeseburger met bacon en verse ketchup 106
❸ Salade met rode bietjes, spek en zachte kaas 170
❹ Spaghetti met worst, spekjes en champignons 34
❹ Winterse coleslaw met gelakt spek en witloof 42
❹ Varkenskroon met savooikool, spekjes en
   sjalottenjus 50
❹ Spruitjessoep met spekjes en croutons 72
❹ Tomatenroomsoep met kip en dragon 76
❹ Hamburgers met gerookt spek en geroosterde
   groenten 104
❹ Salade van gegrilde bloemkool met kip en
   sesamvinaigrette 130
❹ Dikke omelet met spekjes, champignons en kaas 144
❹ Classic BLT sandwich en aardappelchips 186
❺ Koude pastasalade met spek en feta 42
❺ Winterse salade met brokkelkaas, dadels en spek 130

SPINAZIE
❷ Gebakken zalm met spinaziepuree en mosterdsaus 44
❷ Penne met spinazie en pancetta 162
❸ Cannelloni met ricotta en spinazie 12
❸ Ricottataartjes met spinazie 48
❹ Vistaart met schelvis 46
❹ Stoofpot van kikkererwten met spinazie en Spaanse
   picada 80
❹ Orecchiette met spinazie en drie kazen 106
❹ Spinaziesalade met geitenkaas, quinoa en gebakken
   shiitake's 112
❺ Fish sticks met tartaarsaus en spinaziepuree 54
❺ Lasagne met gegrilde groenten 138
❺ Volkorenspaghetti met rode ui, spinazie en blauwe
   kaas 154
❺ Frittata met bloemkool, spinazie en feta 182

SPROT
❷ Bruschetta met guacamole, tomaat en gerookte
   sprot 72

SPRUIT
❶ Hutsepot van spruitjes en rookworst 140
❹ Spruitjessoep met spekjes en croutons 72

TARBOT
❹ Tarbot met geitenkaaspuree en groentevinaigrette 60

TOFOE
❺ Spicy noedels met gebakken tofoe 62

TOMAAT
❶ Spaghetti met pancetta, kerstomaat en rucola 6
❶ Vegetarische curry 56
❶ Pasta alla puttanesca 110
❶ Tomatensoep met garnaal en Rodenbach 124
❶ Penne all'arrabbiata 146
❶ Poon met pestopuree en kerstomaatjes uit de oven 172
❷ Penne al forno met balletjes en mozzarella 8
❷ Courgette gevuld met geitenkaas en warme
   tomatenvinaigrette 42
❷ Bruschetta met guacamole, tomaat en gerookte
   sprot 72
❷ Carpaccio van Cœur de Bœuf-tomaten met mozzarella
   en salsa verde 136
❷ Heldere tomatensoep 144
❸ Tagliatelle met scampi, tomaat en groene kruiden 62
❸ Gazpacho van tomaat, watermeloen en geitenkaas 120
❸ Tomaat-garnaal 142
❸ Capellini met inktvis, tomaat en look 156
❹ Kalfslapje met tomaten en mozzarella 18
❹ Moussaka 70
❹ Tomatenroomsoep met kip en dragon 76
❹ Goulashsoep 116
❹ De enige echte balletjes in tomatensaus 140
❹ Tomaat gevuld met zelfgemaakte vleessla 166
❹ Pappa al pomodoro met mozzarella en basilicum 170
❹ Classic BLT sandwich en aardappelchips 186
❺ Scampi met chorizo en trostomaten 60
❺ Penne met kerstomaat, ricotta en rucolapesto 102
❺ Linguine met scampi, venkel en kerstomaat 172

TONGSCHAR
❸ Tongschar à l'Ostendaise 166

TONIJN
❶ Macaroni met tonijn, courgette en kaassaus 28
❶ Tonijnsteak, rijstnoedels en een Thaise dressing 154
❷ Salade niçoise met verse tonijn 178
❸ Koude pastasalade met mais en tonijn 130
❸ Spaghetti niçoise 148
❸ Vitello tonnato 164

TORTILLAVEL
❷ Minitortillapizza's 16
❷ Twee tortillawraps: duo van warm en koud 54
❸ Dürüm met kip en pittige dip 194
❺ Tortillawrap met krokante kip 170

TRUFFELPASTA
❷ Spaghetti met truffelpasta, rucola en pecorino 94

UI
❶ Uiensoep met kaasbeschuit 90
❸ Tortilla met ui en paprika 22
❹ Boerenworst met mosterdpuree en gebakken ui 20
❺ Dikke toast met brie, waterkers en een pickle van ui en
   appel 50
❺ Worst met uienpuree en mosterd 144
❺ Volkorenspaghetti met rode ui, spinazie en blauwe
   kaas 154

VARKENSVLEES
❶ Varkenskotelet met wortelstoemp en pickles 8
❶ Nasi goreng met varkensblokjes 40
❶ Ribbetjes met coleslaw 182

❷ Varkenshaasje met Blackwellsaus 12
❷ Kotelet met schorseneren in witte saus 24
❷ Varkensribstuk in de oven met geroosterde groenten 92
❷ Rijst met varkensvlees en peterseliepesto 176
❸ Satés van varkensvlees met pindasaus 32 ⊗ 🌐
❸ Gelakte spiering met aardappelsalade 104 🌐
❸ Varkensgebraad met erwten en wortelen 150
❸ Varkenswangen met Rodenbach en frietjes 182
❹ Cordon bleu met kropsla en aardappelen 32
❹ Varkenskroon met savooikool, spekjes en sjalottenjus 50
❹ Zuurkoolschotel 58
❺ Orloffgebraad met witloofroom en kroketten 86
❺ Varkenshaasje met jagersaus en kroketten 192

VEENBES
❶ Wildragout, witloof, paddenstoelen en veenbessen 126

VENKEL
❶ Venkelsoep met saffraan en Spaanse chorizo 32
❷ Bouillabaisse met rouille 186
❹ Vegetarische groenteschotel met pecorino 22
❺ Linguine met scampi, venkel en kerstomaat 172 🌐

VENUSSCHELP
❷ Spaghetti alle vongole 14 🌐
❹ Chowder met venusschelpen en mais 174

WATERMELOEN
❸ Gazpacho van tomaat, watermeloen en geitenkaas 120

WIJTING
❺ Wijting 'Florentine' met mosterdsaus 132

WITLOOF
❶ Witloofslaatje met appel, walnoot, oude kaas en spekjes 34 ⊗
❶ Witloof in de oven 54
❶ Konijn met pruimen en witloofsla 84
❶ Wildragout, witloof, paddenstoelen en veenbessen 126
❶ Quiche met witloof, ham en cheddar 186
❷ Witloofsoep met curry en gerookte zalm 64 ⊗
❹ Winterse coleslaw met gelakt spek en witloof 42
❺ Orloffgebraad met witloofroom en kroketten 86

WITTEKOOL
❶ Ribbetjes met coleslaw 182

WITTE PENS
❺ Kervelsoep met witte pens 174

WORST
❶ Hutsepot van spruitjes en rookworst 140
❶ Worst met rodekool 184
❷ Groentehutsepot met worst en pickles 116
❸ Chipolata met polenta 98
❹ Boerenworst met mosterdpuree en gebakken ui 20
❹ Spaghetti met worst, spekjes en champignons 34
❺ Worstenbroodjes 20
❺ Worst met uienpuree en mosterd 144

WORTEL
❶ Varkenskotelet met wortelstoemp en pickles 8
❶ Wortel-kokossoep met curry en koriander 116 ⊗
❸ Zoetzure wortelsalade met couscous 20 🌐
❸ Scampi tandoori met wortelsalade 44
❸ Varkensgebraad met erwten en wortelen 150

❹ Vegetarische groenteschotel met pecorino 22
❹ Wortelsoep met kruidige kaasballetjes 38
❹ Hamburgers met gerookt spek en geroosterde groenten 104
❺ Wortelsoep met erwtenpesto 26 ⊗

YOGHURT
❶ Panna cotta van yoghurt, verse ananas en amandel 74 ⊗
❶ Muesli met yoghurt en vers fruit 152
❷ Yoghurtcake met citroen en vanilleroom 102

ZALM
❶ Zalmburger met komkommersalade en salsa verde 42
❶ Zalmtartaar met waterkerssalade 120
❷ Aardappelsoep met gerookte zalm & peterseliecoulis 6 ⊗
❷ Gebakken zalm met spinaziepuree en mosterdsaus 44
❷ Witloofsoep met curry en gerookte zalm 64 ⊗
❷ Zalmcarpaccio 88
❷ Toast met gerookte zalm en eiersalade 100
❸ Aspergesoep met croutons en gerookte zalm 116
❸ Tartaar van zalm met avocado en komkommer 160 🌐
❹ Vispannetje met koolvis, zalm en garnalen 96
❹ Witte asperges, gerookte zalm en hollandaisesaus 158
❺ Een bruine boterham met salade van zalm, selder en appel 82
❺ Salade met gemarineerde zalm en milde currysaus 118
❺ Zalm, pastinaakstoemp en beurre blanc 134 ⊗
❺ Croque met verse zalm en geitenkaas 180
❺ Koude schotel 88

ZEEBAARS
❷ Zeebaars Provençale met rijst 66 ⊗
❸ Zeebaars met couscous 76
❺ Zeebaars in zoutkorst met groenten 176 ⊗ 🌐

ZEEBARBEEL
❹ Salade met zeebarbeel, croutons en mosterd-vinaigrette 182

ZEEDUIVEL
❶ Zeeduivel, geplette aardappel, andijvie en bacon 106 ⊗
❷ Zeeduivel met puree van tomatenpesto, rucola en Parmezaanse kaas 148 ⊗
❷ Bouillabaisse met rouille 186
❺ Gegrilde zeeduivel met chorizo, ricotta en penne 190

ZEEKRAAL
❹ Spaghetti carbonara met asperges en zeekraal 150

ZEETONG
❹ Zeetong meunière 192

ZEEWOLF
❹ Pasta met zeewolf en groentesaus 172

ZUURKOOL
❹ Zuurkoolschotel 58

ZWAARDVIS
❸ Zwaardvis en witte asperges 94 🌐

ZWARTE PENS
❶ Sint-jakobsnootjes met zwarte pens, bospaddenstoelen en een knolseldersoepje 96
❹ Gevulde appels met zwarte pens 78